행복

Hermann Hesse, Üeber das Glüeck. Betrachtungen und Gedichte.
Zusammengestellt von Volker Michels
Copyright © Suhrkamp Verlag Frankfurt am Main 2005

All rights reserved. No part of this book may be used or reprinted in any manner whatever without written permission except in the case of brief quotations embodied in critical articles or reviews.

Korean Translation Copyright © 2009 by Jong Munhwasa
Korean edition is published by arrangement with Suhrkamp Verlag through BC Agency, Seoul

이 책의 한국어판 저작권은 BC에이전시를 통한 저작권자와의 특정 계약으로 종문화사에 있습니다. 저작권법에 의해 한국 내에서 보호를 받는 저작물이므로 무단전재와 복제를 금합니다.

헤르만 헤세 지음
오희천 옮김

헤르만 헤세

종문화사

• 루가르노 호수가 보이는 몬타뇰라의 전경

• 역자주임

Contents

- ●○ 작은 기쁨 · 13
- ○○ 아름다운 것이 있다 · 20
- ●○ 아름다운 구름과 애수 · 22
- ○○ 흰구름 · 26
- ●○ 행 복 · 28
- ○○ 행복의 노래 · 46
- ●○ 여행의 의미 · 48
- ○○ 여행의 노래 · 66
- ●○ 아득히 먼곳 · 68
- ●○ 여름 휴가 · 73
- ●○ 초여름 · 79
- ○○ 아름다운 오늘 · 84
- ●○ 한여름 · 87
- ●○ 눈부신 겨울 · 94
- ●○ 자연의 향유享有 · 100
- ○○ 아프리카를 바라보며 · 110

Über das Glück Hermann Hesse

● 칼브 다리위의 고딕형식의 성 니콜라우스 교회

Contents

- ●○ 비행기구를 타고 • 112
- ○○ 비행기를 타다 • 124
- ●○ 여행중 • 126
- ●○ 음 악 • 132
- ○○ 모래에 쓴 글씨 • 142
- ●○ 영 혼 • 145
- ○○ 만개 滿開 • 162
- ●○ 농 가 • 164
- ●○ 사제관 • 168
- ●○ 성 당 • 173
- ○○ 책들 • 178
- ●○ 남유럽에서 보낸 여름 • 180
- ●○ 테신의 성당과 교회 • 185
- ○○ 푸르른 저녁 • 191
- ●○ 테신의 여름저녁 • 192
- ○○ 고백 • 198
- ●○ 시인은 저녁에 무엇을 보았나 • 200

Über das Glück Hermann Hesse

Contents

- ○○ 꽃가지 • 208
- ●○ 수채화 • 210
- ○○ 색의 마술 • 218
- ●○ 여름과 가을 사이 • 220
- ○○ 봄 • 228
- ●○ 오월, 너도밤나무 숲에서 • 230
- ○○ 언 어 • 237
- ●○ 뗏목에 관한 추억 • 241
- ●○ 불꽃놀이 • 248
- ●○ 나 비 • 256
- ○○ 푸른 나비 • 262
- ●○ 알프스에서 추억 • 264
- ●○ 시화 詩畵 • 268
- ○○ 4월 밤의 메모 • 274
- ○○ 소박한 노래 • 276
- ●○ 행복에 관한 헤세의 단상斷想들 −편지와 저서− • 279
- ●○ 헤르만 헤세 연보 • 299

über das Glück **Hermann Hesse**

● 정원에서 잡초를 뽑고 있는 헤세 - 그는 수채화 그리기 외에 정원에서 일하는 것을 매우 즐겼다.

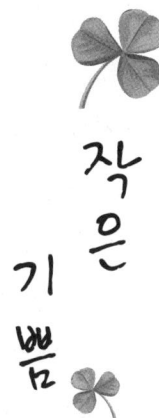

작은 기쁨

오늘날 대부분의 사람들은 기쁨도 모르고 사랑도 모른 채 암울하게 삶을 허비하고 있다. 민감한 정신의 소유자들은 예술적 감동이 없는 삶의 형태들을 답답하고 고통스럽게 느끼며 생을 마감한다. 예술과 문학에서 보면 잠시 동안 사실주의가 지난 후 도처에서 불만의 흔적이 감지되고 있다. 그런 불만의 가장 두드러진 전조는 르네상스와 신낭만주의에 대한 향수이다.

교회는 "당신들에게는 믿음이 결여되어 있소!" 그리고 아베나리우스*(R.H.L. Avenarius(1843~1896) 독일철학자)는 "당신들에게는 예술이 결여되어 있소!"라고 외친다. 내가 볼 때 우리 시대의 문제는 기쁨의 결여에 있다. 고양된 삶의 활기, 삶을 축제로 생각하고 감사하는 인생관은 근본적으로 르네상스의 두드러진 영향이다. 우리 삶의 형태를 규정하는 가장 중요한 원인으로 시간을 아끼는 것과 서두르는 것은 의심의 여지없이 기쁨을 빼앗는 가장 위험한 적이다. 우리는 과거 여러 시대의 전원시들과 감상적인 기행문들을 읽으며 그리움에 사로잡힌다. 우리의 할아버지들이 시간이 없어 하지 못한 일이 무엇인가? 내가 전에 슐레겔*(A.W.von Schlegel(1767~1845) 독일 낭만주의 작가)의 전원시를 한가하게 읽었을 때 다음과 같은 생각을 지울 수 없었다. '만약 그대가 우리 시대가 하는 일을 똑같이 해야 했다면 그대는 얼마나 탄식하게 되었을 것인가!'

오늘날 조급한 삶의 스타일이 우리에게 어려서부터 악영향을 끼쳤다는 것은 슬프지만 부정할 수 없는 현상이다. 그러나 유감스럽게도 현대의 성급한 삶은, 우리가 누릴 수 있는 작은 여유마저도 이미 오래전에 앗아가 버렸다. 우리가 즐기는 방식은 일할 때와 마찬가지로 신경질적이고 소모적이다. 우리 시대의 슬로건은 '가능한 한 많이 그리고 가능한 한 빨리'이다. 그 결과 오락은 점점 많아지지만 기쁨은 점점 작아진다. 작은 도시들이나 아주 큰 도시들에서 큰 축제를 보았거나 현대 도시들에 있는 오락장들을 본 사람은 광적이고 일그러진 얼굴들과 생기 없는 눈동자를 보고 괴롭고 역겨운 기억을 지우지 못한다. 그리고 병적인 오락의 유형, 채워지지 않는 불만족의 가시에 찔렸지만 영원히 과도하게 넘치는 오락의 유형은 극장과 오페라하우스, 콘서트홀과 미술관에서도 발견된다. 현대 미술관을 방문하여 만족을 느끼는 경우는 아주 드물다. 부자도 이런 불행에서 벗어날 수는 없다. 부자는 행복할 수 있는 조건을 갖추고 있지만 실제로 행복할 수는 없다. 우리는 더불어 살아야 하며 세상 돌아가는 사정을 잘 알아야 하고 건강해야 한다.

다른 사람들과 마찬가지로 나도 이런 딜레마를 해결할 수 있는 특별한 해법을 가지고 있지는 못하다. 나는 단지 오래된, 유감스럽게도 아주 전근대적인 개인적인 해법을 상기시키고 싶을 뿐이다. 그 해법은 다음과 같은 두 가지이다. '적절하게 즐기는 것이 두 배로 즐기는 것이다.' '작은 기쁨을 경시하지 말라.'

말하자면 '중용을 지키라'는 것이다. 어떤 모임들에서는 첫 번째 공연을 관람하지 않을 수 있는 것이 용기이다. 조금 더 넓은 모임들에서는 문학작품이 새로 출판된 지 몇 주가 지난 후에도 그 작품을 알지 못하는 것이 용기이다. 가장 넓은 사회에서는 오늘 신문을 읽지 않았다면 그는 다른 사람들의 웃음거리가 된다. 그러나 나는 이런 용기를 가진 것을 후회하지 않는 몇몇 사람들을 알고 있다.

극장에서 정기권을 구입하여 예약된 좌석을 가지고 있는 사람은 비록 이 주일에 한 번만 그 좌석을 사용한다 할지라고 조금도 손해를 본다고 생각하지 않기를 바란다. 내가 장담하건데 그럼에도 그는 이

익을 볼 것이다.

　많은 그림들을 보는데 익숙한 사람은 언젠가 한 시간 또는 그 이상의 시간을 단 하나의 대작 앞에 머물면서 오늘은 그것으로 만족하기를 바란다. 그것이 더 유익할 것이다.

　마찬가지로 다독을 하는 사람도 그렇게 하기를 바란다. 그는 어떤 새로운 것에 관해 다른 사람과 대화가 통하지 않아 화가 날 때가 종종 있을 것이다. 또는 종종 웃음을 불러일으킬 때도 있을 것이다. 그러나 곧 그 자신이 웃게 될 것이며 그것을 더 잘 알 것이다. 어떤 다른 제약도 받고 싶지 않은 사람은 누구나 최소한 일 주일에 한 번은 열 시에 잠자리에 들기를 습관화해 보라. 이와 같은 약간의 시간적 손실이 얼마나 훌륭하게 보상되는지 놀라게 될 것이다.

　'작은 기쁨'을 즐길 수 있는 능력은 절제의 습관과 밀접하게 결합되어 있다. 이런 능력은 본질적으로 모든 사람이 태어나면서부터 가지고 있었지만, 현대의 일상적인 삶에서 여러 가지로 손상되고 상실된 것들, 다시 말하면 일정한 정도의 쾌활함과 사랑, 시를 전제하기 때문이다. 작은 기쁨들은 특히 가난한 사람들에게 선사되어 있다. 그리고 매일의 삶 속에 얼른 눈에 띄지는 않지만 무수히 많이 뿌려져 있기 때문에 일만 하는 수많은 사람들의 둔한 감각으로는 작은 기쁨들을 거의 감지하지 못한다. 작은 기쁨들은 눈에 띄게 드러나 있지 않다. 그 기쁨들은 광고를 통해 선전되지 않는다. 그 기쁨들은 돈을 들여 살 필요가 없다. (기이하게도 그 기쁨을 선물로 받은 가난한 사람들조차도 가장 아름다움 기쁨들은 언제나 돈이 들지 않는 것이라는 사실을 알지 못한다).

이런 기쁨들 중에 자연과 일상적인 만남으로 우리에게 주어지는 기쁨이 가장 고상하다. 특히 우리의 눈, 너무나 남용되고 과로에 지친 현대인의 눈은 우리가 원하기만 한다면 즐길 수 있는 무진장의 능력을 갖추고 있다. 내가 아침에 일하러 갈 때 방금 잠자리에서 깨어 기어 나온 무수히 많은 다른 사람들이 매일 나와 같은 방향이나 반대 방향으로 추위에 떨며 빠르게 서둘러 간다. 대부분의 사람들은 서둘러 가면서 눈을 아래로 향하여 길을 보거나 기껏해야 지나가는 사람들의 옷과 얼굴을 본다.

사랑하는 친구여, 고개를 들라. 일단 고개를 들면 한 그루의 나무나 최소한 멋진 하늘의 한 부분을 어디서나 볼 수 있다. 결코 푸른 하늘이 아닐지라도 어떤 식으로든 태양의 빛을 언제나 느낄 수 있을 것이다. 매일 아침 잠시 동안 하늘을 쳐다보는 습관을 가져라. 그러면 불현듯 당신들 주위의 공기, 잠과 일 사이에서 당신들에게 베풀어진 신선한 아침의 입김을 감지하게 될 것이다. 모든 날이 특별한 날임을 발견할 것이며 지붕의 합각머리도 새롭게 보일 것이다. 잠시 동안만 주목하면 당신들은 하루 종일 행복할 것이며 자연과 일치감을 조금이라도 맛보게 될 것이다. 점차로 눈은 어렵지 않게 많은 작은 자극들을 민감하게 느낄 것이고, 자연과 거리를 관찰하게 될 것이며, 자그마한 삶이 주는 무진장의 즐거움을 알게 될 것이다. 그렇게 되면 머지않아 예술적 소양을 갖춘 시각을 갖게 될 것이다. 중요한 것은 시작이다. 눈을 열어 자연을 보는 것이다.

한 조각의 구름, 녹색의 가지에 덮인 정원의 담장, 튼튼한 말, 아름다운 개, 한 무리의 아이들, 여인의 아름다운 머리. 이 모든 것들을 놓치지 마라! 그렇게 관찰하기 시작한 사람은 거리를 걷는 동안 단 일 분의 시간도 낭비하지 않고 아름다운 것을 볼 수 있다. 거리를 걸으면서 이렇게 보는 것은 결코 사람을 피곤하게 하는 것이 아니라 오히려 강하고 신선하게 만들어 준다. 단지 눈만 그렇게 해주는 것이 아니다. 모든 것에는 볼만한 점이 있다. 흥미가 없거나 추한 것까지도 그렇다. 단지 보고자 하는 의지만 있으면 된다.

사물을 구경할 때 기분이 좋아지고 사랑과 시가 찾아온다. 처음으로 작은 꽃을 꺾어 일할 때 자기 옆에 놓아두고 보는 사람은 삶의 기쁨을 발견하는 첫 걸음을 내디딘 사람이다.

내가 오랫동안 작업을 하는 집 맞은편에 여학교가 있었다. 이 집 쪽에 대략 열 살 정도 학생들의 놀이터가 있었다. 나는 부지런히 작업을 해야 했다. 그런데 놀이터에서 노는 어린 아이들의 떠드는 소리가 방해가 되었다. 그러나 놀이터를 단 한 번 구경하는 것이 내게 얼마나 많은 기쁨과 삶의 의욕을 불러 일으켰는지 모른다. 아이들이 입은 다양한 색의 옷, 그들의 생기 있고 의욕적인 눈망울, 그들의 가냘프고 활발한 움직임은 내 마음속에 삶의 의욕을 고취시켰다. 그것이 승마학교나 양계장이었다 해도 나는 거기서 동일한 기쁨과 삶의 의욕을 느꼈을 것이다. 단색의 평면, 가령 집의 외벽에 비친 빛의 효과를 한 번 관찰한 적이 있는 사람은 눈이 얼마나 소박한 것을 즐길 줄 아는 능력이 있는지 알 것이다.

예를 드는 것은 이것으로 충분할 것이다. 많은 독자들은 이미 그 밖에도 다른 종류의 많은 기쁨들을 떠올리게 되었을 것이다. 예를 들어, 어떤 꽃이나 과일의 냄새를 맡는 특별한 기쁨이라든지, 자기 목소리와 다른 사람의 목소리에 귀를 기울이는 것의 특별한 기쁨이라든지, 아이들이 이야기하는 것에 귀를 기울이고 듣는 것의 특별한 기쁨 같은 것들 말이다. 어떤 멜로디를 흥얼거리거나 휘파람을 부는 것도 이런 기쁨에 속한다. 그리고 사람들은 그들의 삶에서 수많은 다른 작은 일들을 엮어 즐거움의 밝은 목걸이를 만든다.

시간이 없고 의욕상실에 시달리는 모든 사람에게 내가 충고해 주고 싶은 것이 있으니, 매일 매일 가능한 한 많이 작은 기쁨들을 체험하고 더 크고 어려운 즐거움들은 축제와 좋은 시간을 위해 아껴두라는 것이다. 특히 기분전환을 위해, 매일 매일의 스트레스를 해소할 수 있도록 우리에게는 큰 기쁨들이 아니라 작은 기쁨들이 주어져 있다.

(1899)

아름다운 것이 있다

세상에는 아름다운 것이 있다

당신이 바라는 만큼 흡족하게 당신을 기쁘게 하지는 않겠지만

언제나 당신에게 신의를 저버리지 않고

언제 보아도 새로운 아름다움이 있다.

알프스 정상에서 내려다보는 전경

녹색의 바닷가에 있는 조용한 오솔길

바위를 넘쳐흐르는 실개천

어둠 속에서 노래하는 새

아직도 꿈을 꾸면서 웃는 아이

겨울밤에 빛나는 별빛
맑은 호수에 떠있는 알프스의 목초지와 만년설
그리고 호수에 비친 저녁노을
울타리에서 엿듣는 노래
산책하는 사람들끼리 주고받는 안부인사
유년에 대한 회상
언제나 잠들지 않는 아련한 슬픔이
수많은 밤들을 그의 아픔을 가지고
당신의 움츠린 가슴을 넓게 펴준다.
그리고 아름답고 창백한 별들 너머로
당신을 위해 아득한 향수의 나라를 세운다.

아름다운 구름과 애수

산과 호수, 폭풍과 태양은 나의 친구였으며, 나에게 이야기를 했고, 나를 길러주었으며, 긴 세월동안 내게는 어떤 다른 사람들과 운명보다 더 사랑스럽고 친근했다. 그러나 내가 반짝이는 호수와 우수에 잠긴 소나무들보다 더 좋아하는 애인은 구름이었다.

이 넓은 세상에서 구름을 나보다 더 잘 알고 더 사랑하는 사람은 없을 것이다. 아니면 이 세상에서 구름보다 더 아름다운 것은 없을 것이다. 구름은 유희이며 가장 사랑스러운 것이다. 구름은 축복이며 신의 선물이다. 구름은 분노이며 죽음의 힘이다. 구름은 신생아의 영혼처럼 민감하고 부드러우며 평화롭다. 구름은 선한 천사처럼 아름답고 풍족하며 인심이 넉넉하다. 구름은 죽음의 사자처럼 어둡고 거부할 수 없으며 무자비하다. 구름은 얇은 층에서 은빛의 물결을 일으키며 떠다닌다. 구름은 황금의 테두리로 장식된 돛단배처럼 미끄러지듯 흘러간다. 구름은 노란색과 붉은색, 푸른색을 띠고 쉰다. 구름은 살인자처럼 그 방향을 예측할 수 없게 천천히 기듯이 움직인다. 구름은 질주하는 기마병처럼 마구 돌진한다. 구름은 우울한 은둔자처럼 우수에 젖어 꿈을 꾸면서 아득히 높은 곳에 걸려있다. 구름은 복 받은 섬들의 모양들을 가지며 축복하는 천사들의 모양들을 가진다. 구름은 위협하는 손과 같으며 돛을 펄럭이며 항해하는 돛단배와 같으며 배회하는 두루미와 같다. 구름은 하나님의 하늘과 가난한 땅 사이에서 인간이 동경하는 모든 것의 아름다운 비유로서 움직인다. 구름은 하늘과 땅에 동시에 속한다. 구름은 땅의 꿈이다. 땅은 그 꿈에서 더럽혀진 영혼을 깨끗한 하늘까지 고양시킨다. 구름은 모든 순례의 영원한 상징이며, 모든 탐구와 요구, 향수의 영원한 상징이다. 구름이 머뭇거리고 그리워하면서 고집스럽게 땅과 하늘 사이에 걸려있듯이 인간의 영혼은 수줍게 그리워하면서 고집스럽게 시간과 영원 사이에 걸려있다.

아름답고 흔들리며 쉬지 않는 구름이여!

나는 철부지 어린이로 구름을 좋아했다. 나는 구름을 보았지만 나의 생도 방황하면서 아주 낯설게 시간과 영원 사이에서 흔들리면서 구름처럼 흘러갈 것이라는 것을 알지 못했다. 유년시절부터 구름은 사랑하는 여자 친구였으며 누이였다. 나는 골목길을 그냥 지나칠 수 없다. 그래서 우리는 서로 고개 숙여 인사하고 안부를 물으며 잠시 동안 서로 눈을 마주보고 서 있다. 그리고 나는 당시 구름에게서 배운 것, 구름의 모양, 구름의 색깔, 구름의 길, 구름의 유희, 원무, 춤과 휴식 그리고 구름이 드물게 들려주는 땅과 하늘의 이야기들 등을 아직도 잊지 않고 있다.

머지않아 구름 가까이로 다가가 구름 사이를 걷고 많은 구름 무리들을 위에서 관찰할 수 있는 기회가 내게 왔다. 내가 젠알프스톡 Sennalpstock이란 산의 첫 번째 정상에 올라갔을 때는 열 살이었다. 내가 사는 니미콘이란 작은 마을은 바로 그 산 아래 있었기 때문이다. 그 산 꼭대기에서 나는 처음으로 산의 두려움과 아름다움을 보았다. 산들 사이의 깊은 계곡들에 얼음과 눈 녹은 물, 녹색의 유리 같은 빙하와 무시무시한 빙퇴석이 있었으며, 그 위로 종처럼 높고 둥글게 하늘이 보였다. 어떤 사람이 십 년 동안 산과 호수 이외에는 아무것도 보이지 않는 곳에서 높은 산에 둘러싸여 살았다면, 머리 위에 있는 크고 넓은 하늘과 그의 앞에 펼쳐진 무한한 지평선을 처음으로 본 날을 잊지 못한다. 올라가면서 이미 나는 저 아래 살 때부터 잘 알고 있던 절벽들과 병풍처럼 둘러선 암석들이 실제로 엄청나게 크다는 사실에 놀랐다. 그리고 지금 엄청나게 넓은 세계가 갑자기 두렵고도 환상적으로 나를 엄습하는 것을 보았다. 세상은 믿을 수 없으리만치 컸다. 저 아래 깊은 곳에 외로이 놓여있는 우리 마을 전체는 마치 작은 점처럼 보였다. 산 아래서 볼 때는 아주 가까이 있는 것처럼 보였던 산 정상에 올라가는데 여러 시간이 걸렸다.

거기서 지금까지 내가 본 것은 세상의 극히 작은 부분일 뿐 아직 세상의 진정한 모습은 아니라는 것을 알았으며, 저 밖에는 산맥이 펼쳐져 있을 수 있으며 우리가 사는 산골짜기에서는 전혀 상상도 할 수 없는 엄청난 일들이 일어날 수 있다는 것을 알기 시작했다. 그러나 동시에 내 마음속에서는 무의식적으로 저 아득히 먼 곳을 가리키는 나침판의 바늘처럼 무엇인가가 떨고 있었다. 이제 비로소 나는 구름의 아름다움과 애수를 완전히 이해하였다. 구름이 얼마나 아득히 먼 곳에서 떠다니는지 보고서야 말이다.

(Aus 「Peter Camenzind」, 1903)

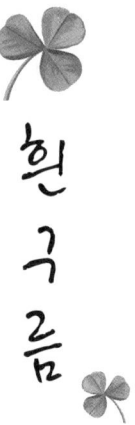

흰 구름

보라, 흰 구름은 다시
잊어버린 아름다운 노래들의
나직한 멜로디들처럼
푸른 하늘 저쪽으로 흘러간다!

긴 여행에서 방황의
모든 슬픔과 기쁨을
알지 못한 사람은
구름을 이해하지 못하리.

나는 흰 구름들과 흩뿌린 구름들을 사랑한다.

태양, 바다와 바람 같은

그들은 고향을 잃은 이들에게

자매들이요 천사들이기 때문이다.

• 시스 마리아의 전경

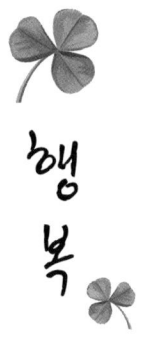

행복

인간은 자신에게 유익하지 않은 사물들에서조차 기쁨을 느낄 수 있는 존재이다. 인간은 아름다움을 인지하는 기관을 가지고 창조되었기 때문이다. 여러 민족들의 시인들과 현자들은 수천 년에 걸쳐 인간을 그렇게 이해해 왔다. 아름다운 것에서 인간이 느끼는 기쁨에는 언제나 정신과 감각이 동일하게 관여한다. 인간이 삶의 고통스럽고 위험한 순간에도 자연이나 그림에 있는 색채의 조화를 즐기고, 폭풍과 바다의 소리에서 소명을 듣고 인간이 작곡한 음악을 즐기는 한, 인간이 피상적으로 드러난 것의 이면에서 세계를 전체로 보거나 느낄 수 있게 되는 한, 인간은 자신이 의문스러워하는 문제들에 대해 언제나 다시 주인이 될 것이며 그의 존재에 언제나 다시 의미를 부여할 수 있게 된다. '의미'는 언제나 다양한 모습에서 발견되는 통일성이며, 더 나아가 세상의 혼돈을 통일성과 조화라고 예감하는 정신의 능력이기 때문이다.

세계를 하나의 전체로 이해할 때 장난치는 새끼 고양이의 고갯짓으로부터 소나타의 변주곡에 이르기까지, 한 마리 개의 게으른 눈빛으로부터 어느 시인의 비극시에 이르기까지 모든 것은 하나의 내밀한 연관성을 가진다. 그런 것들 사이에는 헤아릴 수 없이 풍부한 관계들이 존재하며 일치가 있으며 유비類比가 있고 거울처럼 서로를 비춰주는 작용이 있다. 그것들의 영원히 흐르는 언어는 듣는 사람들에게 기쁨과 지혜, 즐거움과 감동을 나누어 준다.

진정한 인간, 건전하고 총체적이며 뒤틀리지 않은 인간은 세상을 긍정적으로 바라본다. 그런 사람들에게 저녁은 단지 날이 저물어 마침내 노동의 시간이 끝났음을 의미하는 것이 아니라 저무는 대지의 붉은 노을과 분홍빛에서 자줏빛으로 신비하게 미끄러지듯 넘어가는 저녁은 신의 은총이다. 그런 사람들에게는 저물어가는 저녁 하늘처럼 수없이 넘어가는 과정들에서 얼굴에 잔잔한 미소가 스쳐갈 때 일어나는 얼굴의 변화는 신의 기적이다. 그런 사람들에게 있어서 대성당의 방들과 창문들 같은 어떤 것이 있다는 것은 신의 기적이다. 그런 사람들에게는 꽃 속에 있는 꽃술의 질서, 나무판으로 제작된 바이올린, 음의 조화와 같은 어떤 것이 있다는 것은 신의 기적이다. 그런 사람들에게는 언어처럼 불가사의한 것, 매력적인 것, 자연과 정신에서 태어난 것, 이성적인 것이면서도 초이성적인 것이며 유치한 어떤 것이 있다는 것은 신의 기적이다. 언어의 아름다움과 놀라움, 언어의 수수께끼, 영원해 보이지만 모든 인간의 운명인 연약함과 병, 위험들로부터 자유롭지 못한 언어의 유한성, 바로 이런 사실 때문에 언어는 그의 하인이며 학생인 우리를 위해 지상에 나타난 가장 신비하고 가장 존경스러운 것이 되었다.

모든 민족이나 문화공동체는 그들의 고유한 언어를 가지고 있다. 그 언어는 태생적으로 그들에게 고유할 뿐만 아니라 아직 실현되지 않은 그들의 목표에 기여하기도 한다. 어떤 민족이 다른 민족의 언어를 배울 수 있고 놀라움을 가질 수 있고 비웃을 수 있다. 그러나 결코 완전히 이해할 수는 없다. 이것은 개별적인 모든 사람들에게 있어서도 마찬가지이다. 모든 개인들은 언어가 없는 원시시대에 사는 것이 아니며 완벽하게 기계화되어 다시 언어가 필요 없게 된 세계에 살지도 않기 때문이다. 언어적 감수성이 있는 모든 사람들, 건전하고 온전한 인격을 가진 모든 사람들에게 있어서 단어들과 음절들, 철자들과 형식들, 구문론의 가능성들은 그 사람들에게만 고유하고 독특한 가치와 의미를 가진다. 모든 언어는 그 언어에 대해 재능을 가진 모든 사람들에게 아주 개인적이고 독특한 방식으로 경험되어진다. 비록 그가 언어에 관해 아무것도 알지 못한다 할지라도 말이다. 어떤 음악가들은 특정한 악기나 특정한 음역을 특히 선호하는데 반해 어떤 음악가들은 그 악기나 음역에 대해 아주 회의적이거나 자신감을 갖지 못한다. 이와 마찬가지로 대다수의 사람들은 언어적 감각을 가지고 있는 한, 어떤 특정한 단어와 음색을 특히 선호하며 특정한 모음이나 철자를 선호하는데 반해 다른 것들은 오히려 피하는 경향이 있다. 그리고 어떤 사람이 특정한 시인을 특별히 좋아하거나 거부한다면 이 시인의 언어취향과 언어청각이 그의 독자들에게 익숙하거나 낯설기 때문이기도 하다. 예를 들어, 나는 수십 년에 걸쳐 사랑해 왔고 지금도 사랑하는 수많은 시구들과 시들을 열거할 수 있다. 내가 그 시들을 그렇게 사랑했던 것은 시들의 의미 때문이 아니고, 시들에 들어있는 지혜 때문도 아니며, 시들에 들어있는 경험내용과 우수성과 고상함 때문도 아니라 시들이 가지는 독특한 가운 때문이며, 전통적인 도식에 매이지 않은 운율 때문이다. 그 시인은 자신이 특별히 선호하는 모음들을 선택하여 사용했는데 이 모음들이 독자가 무의식적으로 사용하는 모음들과 일치하기 때문이다.

우리는 때때로 괴테나 브렌타노, 레싱이나 호프만 E. Th. A. Hoffmann 의 독특한 특징, 시인의 외적인 재능과 영적인 재능에 관해 그들이 쓴 산문의 내용으로부터 알 수 있는 것보다 훨씬 많은 것을 그의 구조와 운율로부터 알 수 있다. 평범한 시인들이라면 누구라도 사용할 수 있는 문장들이 있는가 하면 탁월한 언어의 마술사만이 사용할 수 있는 문장들이 있다.

우리 같은 작가들에게 있어 단어들은 화가에게 있어 팔레트 위에 있는 물감과 같다. 우리가 사용하는 단어들은 무수히 많다. 그리고 언제나 새로운 단어들이 생겨난다. 그러나 좋은 단어들, 진정한 의미의 단어들은 상대적으로 풍부하지 못하다. 그리고 나는 지난 칠십 년 동안 어떤 새로운 단어가 생겨났을 수도 있긴 하지만 그것을 직접 체험하지 못했다. 색채들의 경우에도 마찬가지다. 우리는 원하는 만큼 많은 색채들을 가지고 있지 못하다. 비록 우리가 그 색채들을 무수히 변화시키고 혼합시킬 수 있긴 하지만 말이다. 단어들 중에 말하는 사람에 따라 선호하는 단어들이 있고 사용하기를 꺼려하는 단어들이 있다. 사람들이 늘 사용하는 일상적인 단어들이 있는가 하면, 축제에서 사용하는 단어들이 있다. 우리는 그런 단어들을 축제에 어울리도록 신중하고 소중하게 취사선택하여 말하고 쓴다.

나에게 있어서 행복Glück이란 단어는 그런 단어들에 속한다.

내가 그 단어를 언제나 즐겨 사용해 왔고 자주 들어온 단어들 중 하나이다. 비록 '행복'이란 단어의 의미와 관련하여 아직 많은 논란의 여지가 있을 수 있고 불만족스러울 수도 있긴 하지만 어쨌든 나에게 있어 그 단어는 아름답고 선하고 바람직한 어떤 것을 의미한다. 그리고 내가 그 단어를 발음할 때 소리의 울림이 그렇게 들림을 발견한다.

나는 이 짧은 단어가 놀라울 정도로 무겁고 충만함과 황금을 연상시키는 어떤 것을 가지고 있음을 발견한다. 그렇다. 그 단어는 풍부함과 충만한 무게뿐 아니라 찬란한 광채도 가지고 있다. 마치 구름 속에 있는 번개처럼 짧은 음절 속에 찬란한 광채가 존재하고 있다. Glück라는 짧은 음절은 그렇게 부드럽고도 미소를 띠면서 GL로 시작하여, ü에서 웃으면서 아주 잠시 머물다 CK에서 단호하고도 간명하게 끝났다. 그 단어는 웃음과 울음을 표현하는 단어이며, 근원적 마력과 감성으로 충만한 단어이다. 우리가 그 단어를 올바로 느끼고자 한다면 단지 그 황금의 단어 옆에 때늦고 단조로우며 피로에 지친 니켈 단어나 구리 단어(말하자면 주어진 여건이나 유용하게 함. 실용적인 단어들)를 세워놓기만 하면 된다. 의심의 여지없이 그 단어는 사전과 교실에서 유래한 단어가 아니다. 그 단어는 인위적으로 고안된 단어가 아니며, 다른 어원에서 유래되었거나 여러 단어들이 조합되어 형성된 단어도 아니다. 그 단어는 하나이며 둥글다. 그 단어는 완전한 단어이다. 그 단어는 태양의 빛처럼 하늘에서 유래했거나 꽃처럼 땅에서 유래했다. 그런 단어들이 있었다는 것은 얼마나 좋으며 얼마나 행복하며 얼마나 위안이 되는가! 그런 단어들이 없이 살고 사유하는 것은 메마르고 황량할 것이며, 빵과 포도주가 없는 인생과 같을 것이며, 웃음과 음악이 없는 삶과 같을 것이다.

행복Glück이란 단어를 이와 같이 자연적이고 감각적인 측면에서 이해하는 나의 관점은 결코 변하지 않았다. 내게 있어서 그 단어는 오늘날 아주 짧고도 무겁다. 그 단어는 언제나 그랬듯이 오늘날에도 황금처럼 찬란하게 빛난다. 나는 그 단어를 지금도 즐겨 사용한다. 내가 어렸을 때 그랬듯이 말이다. 그러나 마력을 가진 상징의 의미, 이처럼 짧고도 무거운 단어에 내포된 의미에 관한 나의 생각은 결코 단번에 정립된 것은 아니다. 그 단어에 관해 나의 생각이 분명하게 정립된 것은 아주 최근이다. 중년이 훨씬 넘어서까지도 사람들이 흔히 말하는 행복이란 긍정적이고 절대적으로 가치 있는 것이기는 하지만 근본적으로는 진부한 것을 의미한다고 무비판적으로 생각했다. 사람들이 '행복'이라고 말할 때 그들은 좋은 가문출신, 유복한 교육, 훌륭한 경력, 행복한 결혼, 집과 가정의 번성, 명예, 많은 재산 등을 생각했다. 그리고 나도 그렇게 생각했다. 영리한 사람들이 있고 그렇지 않은 사람들이 있듯이, 행복한 사람들이 있고 그렇지 않은 사람들이 있는 것처럼 보였다.

우리는 세계사에서도 행복에 관해 말했다. 우리는 어떤 민족들이 행복했으며 어떤 시대가 행복했는지 안다고 믿었다. 세계사적으로 볼 때 우리 자신은 아주 '행복한' 시기에 살았다. 그때 우리는 마치 쾌적한 욕탕에 앉아있을 때처럼 오랫동안 평화와 폭넓은 자유, 현저한 편안과 복지의 혜택을 누리고 있었지만 그것을 깨닫지 못했다. 이런 행복이 너무나 당연한 것이라고 생각했다. 우리가 콰트로센토*(15c 이탈리아 문예부흥의 예술운동)의 플로렌스와 페리클레스*(아테네의 지도자. 정치적 부흥기)의 아테네, 과거의 그런 시대들을 행복한 시대라고 말하면서 거만하고 회의적인 기분으로 우리도 그 시대처럼 행복하다고 생각했다면, 죽음과 타락, 흥미로운 빈혈을 심각하게 받아들이지 않았다면, 우리 젊은이들은 그만큼 편안하고 평화로워 보이는 시대에 살고 있는 것이다. 찬란한 시대의 들뜬 분위기는 점차 사라졌다. 우리는 역사책을 읽었으며, 쇼펜하우어*(독일 염세주의 철학자)를 읽었다. 우리는 최상급과 아름다운 단어들을 불신하게 되었다. 우리는 정신이 약화되고 상대화된 환경에서 사는 방법을 배웠다. 그럼에도 불구하고 우리가 어떤 곳에서 아무런 선입견 없이 행복이란 단어를 접하게 되었을 때 그 단어는 옛날의 황금의 톤을 가지고 울렸다. 그 단어는 여전히 우리에게 교훈을 주거나 우리로 하여금 최고의 가치를 가지는 일들을 추억하게 만들었다. 아마도 단순하여 어린이처럼 유치한 사람들은 눈에 보이는 소유들을 행복이라 부를 수 있었을 것이다. 그러나 우리는 오히려 행복이란 단어에서 지혜와 초월, 인내와 영혼의 확신, 아주 아름답고 우리를 기쁘게 했던 것을 생각했다. '행복'이라는 표준적이고 완전하고 심오한 이름을 사용하지 않고도 말이다.

그러는 동안 나의 개인적 삶이 이미 오래전부터 사람들이 말하는 행복이 아닌 것을 알게 되었을 뿐 아니라 나의 삶에서는 소위 말하는 행복에 대한 추구도 아무런 여지와 의미를 가지지 못함을 알게 되었다. 격정적인 어떤 시간이라면 이런 나의 태도를 아마도 운명애 Amor Fati라고 표현했겠지만, 나는 천성적이고 일시적으로 흥분된 상태를 예외로 하면 결코 격정적이 되지 않는 경향이 있었다. 내가 동양 스승들의 삶에 관한 이야기들과 장자의 비유들의 바탕이 된 조용하고 드러나지 않고 절제하며 언제나 약간은 냉소적인 지혜를 알게된 이후부터 쇼펜하우어적인 냉정한 사랑도 더 이상 내가 추구하는 절대적인 이상은 아니었다.

지금 나는 현란한 말로 독자를 현혹시키고 싶지 않다. 나는 아주 확실한 어떤 것을 말하고자 한다. 나의 주장이 정당함을 입증하기 위해 우선 나에게 있어서 행복이란 단어의 내용과 의미가 무엇인지 간접적인 방법으로 설명하고자 한다. 지금 나는 행복을 철저히 객관적인 것이라고 생각한다. 행복은 '완전성 자체Ganzheit selbst' 이며, 무시간적인 존재이며, 세계의 영원한 음악이다. 어떤 사람들은 행복을 다양한 영역들의 조화 또는 신의 미소라고 불렀다. 총체성, 영원한 음악, 이렇게 완전하게 울리며 황금빛으로 빛나는 영원성은 순수하고 완전한 현재이다. 이 영원성에는 시간이 존재하지 않으며, 역사도 없으며, 이전(과거)도 없고 이후(미래)도 없다. 인간과 세대, 민족과 제국은 태어나 꽃피고 다시 그늘에 묻혀 소멸되지만 세계의 얼굴은 영원히 빛나고 웃는다. 생명은 영원한 음악을 연주한다. 생명은 둥글게 원을 그리며 춤을 춘다. 덧없이 흘러가는 존재자이며 위험에 처해 있는 존재자이며 연약한 존재자인 우리에게 기쁨이 되고 위안이 되며 우리를 웃을 수 있게 하는 것은 그곳에서 오는 광채이며, 눈에 가득한 빛이며, 귀에 가득한 음악이다.

일찍이 전설적인 '행복한' 사람들이 실제로 있었다 할지라도, 또는 시기심을 가지고 찬양된 행복의 아이들과 태양의 총아들, 세계의 주인들에게 단지 잠시 동안만, 축제의 시간에만 순간적으로 위대한 빛이 비추어졌다 할지라도 그들은 어떤 다른 행복도 체험할 수 없었으며 어떤 다른 기쁨도 나누어 가질 수 없었다. 완전한 현재에 숨을 쉬는 것과 여러 영역들의 합창에서 함께 노래하는 것, 세계의 원무를 춤추는 것과 신의 영원한 웃음에서 함께 웃는 것은 우리가 행복을 느끼는 방식이다. 어떤 사람들은 그런 행복을 단지 한 번 체험했을 뿐이며, 어떤 사람들은 단지 몇 번 체험했을 뿐이다. 그러나 그런 행복을 체험한 사람은 단지 한 순간만 행복했었던 것이 아니다. 그는 또한 찬란한 빛과 울림으로부터 오는 어떤 것을 체험했으며 영원한 기쁨의 빛으로부터 오는 어떤 것을 느끼기도 했다. 사랑하는 사람들을 통해 세상에 모종의 사랑이 싹텄고, 예술가들을 통해 모종의 위안과 즐거움이 전파되었다. 그리고 이런 사랑과 위안, 즐거움은 종종 수백

년 후에도 처음처럼 찬란하게 빛나는데 이 모든 것들은 다 찬란한 빛과 울림, 무한한 기쁨의 빛으로부터 온다.

나는 살아가면서 점차 행복이란 단어가 가지는 이와 같은 포괄적인 의미와 위대하고 거룩한 의미를 이해하게 되었다. 나의 책을 읽는 학생들에게 다음의 사실들을 분명히 말하는 것이 필요하다. 나는 여기서 결코 철학적인 논의를 하려는 것이 아니라 영혼의 역사의 작은 한 부분을 설명하고 있다. 학생들이 행복이란 단어를 말하고 글로 쓸 때 결코 나와 같은 의미로 사용하도록 강요하고 싶지는 않다. 그러나 내가 유치원에 들어간 이후 행복이란 단어를 들었을 때 느낀 핵심은 호의적이고 짧고 황금빛으로 빛나는 느낌이었다. 그런 느낌은 분명 어린 아이에게는 강한 것이었다. 그 단어가 가지는 감각적 특징들과 울림들에 대한 모든 감각들의 응답은 격렬하고 요란하였다. 그러나 그 단어 자체가 그렇게 깊지 않았으며 그렇게 근원적이고 대단한 것이 아니었다면 결코 이 단어가 '영원한 현재'이며 '황금의 흔적'이며 '불멸하는 존재자의 미소'라는 생각을 가지지 않았을 것이다.

노인들이 언제, 얼마나 자주 그리고 얼마나 강하게 행복을 느꼈는지 추억하고 싶다면 그들은 무엇보다 먼저 그들의 어린 시절을 생각한다. 그렇다. 왜냐하면 행복을 체험하기 위해서는 무엇보다도 시간으로부터 자유로워야 하며, 그와 함께 두려움과 희망으로부터도 자유로워야 하기 때문이다. 그런데 대다수의 사람들은 나이가 들면서 이런 자유의 능력을 상실한다. 내가 영원한 현재의 광채와 신의 미소에 참여한 순간을 기억하고자 한다면 나 역시도 언제나 어린 시절로 돌아가 그런 체험의 대부분을 발견한다. 소년시절의 즐거운 시간들은 분명 눈부시고 다양했으며, 화려하게 옷을 차려입고 다채로운 빛깔로 빛났다. 정신은 어린 시절보다 소년시절의 즐거운 시간들과 더 많이 관련되어 있다. 그러나 자세히 관찰해 보면 볼수록 그것은 진정한 행복이라기보다 오히려 재미와 유쾌함이었다. 소년들은 유쾌하고 해학적이며 정신적으로 풍성했다. 소년들은 다른 많은 소년들을 아주 재미있게 해주었다. 내 찬란한 유년시절에 동무들과 지낸 한 순간을 기억한다. 그때 순진한 어떤 친구가 대화중에 박장대소가 무엇이냐고 물었다. 나는 그에게 바로 육 운각의 시를 흉내 내어 리듬이 있는 웃음을 통해 대답했다. 동무들은 큰 소리로 웃었으며, 잔을 부딪쳤다. 그러나 이런 순간들은 후에 다시 생각해 보면 싱겁기 짝이 없다. 그런 것은 모두 매력적이었고 재미있었으며 맛이 있었다. 그러나 그것은 행복이 아니었다. 그것은 행복인 것처럼 보였을 뿐이다. 우리가 이런 관찰들을 충분하게 계속했다면 행복은 단지 어린 시절에만 체험되었는데, 어린 시절의 그 순간들을 재생하기는 대단히 어렵다. 어린 시절을 다시 생각할 때 그 광채는 언제나 원래의 광채가 아니기 때문이다. 금이 언제나 완전한 순금으로 남아있는 것은 아니기 때문이다. 정확하게 말하면 단지 아주 소수의 체험들만이 내게 남아 있었다. 그리고 그 체험들조차도 그림처럼 생생한 것은 아니었으며, 사실적인 역사처럼 자세히 설명할 수 있는 것은 아니었다. 그 체험들을 다시 회상하려고 하면 손가락 사이로 물이 빠지듯이 빠져 나갔다. 그런 기억이 떠올랐다면 무엇보다도 몇 주간이나 몇 날의 기억인 것처럼 보였으며, 아니면 최소한 어느 성탄절 밤이나 어떤 생일이나 어느 해 휴가 첫날과 같이 특별한 어떤 날 하루의 기억처럼 보였다. 그러나 어린 시절의 어느 날을 다시 기억하기 위해서는 수천 개의 기억의 사진들이 필요할 것이다. 그리고 아무리 많은 기억의 사진들을 종합해도 어린 시절의 하루를 완전히 기억할 수 없을 것이며, 심지어는 반나절의 일도 다시 기억할 수 없을 것이다.

그러나 그 체험들이 몇 날이나 몇 시간 동안의 체험이었든 아니면 단 몇 분 동안 일어난 것이었든 나는 많은 행복을 체험했으며, 나이가 든 훗날에도 순간순간 행복을 다시 느끼곤 했다. 나는 젊은 시절에 경험했던 행복들 중에서 특별한 하나의 경험을 아직도 기억하고 있다. 유년의 학창시절이었다. 그 시절에 마땅히 해야 할 것, 진정한 것, 근원적인 것, 신비한 것, 조용하게 웃으며 느끼는 세계와의 일치상태, 시간과 희망, 두려움으로부터의 절대적인 자유의 상태, 완전한 현재성의 상태는 오랫동안 지속되지 못했다. 아마도 그런 것들은 불과 몇 분간의 경험에 지나지 않았을 것이다.

어느 날 아침 열 살 정도의 쾌활한 아이였던 내가 잠에서 깼을 때 아주 이례적으로 기분 좋고 깊은 기쁨과 행복감을 느꼈다. 그 느낌은 마치 태양처럼 나의 내면을 환하게 비추었다. 그 느낌은 마치 바로 지금, 소년의 깊은 잠에서 깨어난 그 순간에 어떤 새롭고 놀라운 것이 일어나기나 한 것 같았다. 나의 모든 작고도 위대한 소년세계가 새롭고 더 높은 상태, 새로운 빛과 환경으로 고양된 것 같았다. 완전히 아름다운 삶이 바로 신선한 아침에 비로소 완전한 가치와 의미를 가지게 된 것 같은 느낌이었다. 나는 어제에 관해서도 내일에 관해서도 아무것도 몰랐다. 행복한 오늘이 나를 감싸고 있었다. 오늘은 좋은 날이었다. 감각과 영혼이 호기심을 가지지 않고 계산도 하지 않고 오늘을 즐겼다. 오늘이 나를 관통하였다. 오늘은 최고의 날이었다.

아침이었다. 나는 높은 창문을 열고 이웃집의 긴 지붕 용마루 위로 맑은 하늘이 깨끗한 담청색 빛을 띠고 떠있는 것을 보았다. 하늘도 행복으로 충만해 있는 것처럼 보였다. 마치 무슨 특별한 계획이나 있는 것처럼 보였다. 뿐만 아니라 그 하늘은 가장 아름다운 옷을 입고 있는 것처럼 보였다. 내 침대에서 아름다운 하늘과 이웃집의 긴 지붕 이외에는 더 이상 아무것도 볼 수 없었다. 그러나 지붕조차도, 어두운 적갈색의 기와로 덮인 지루하고 단조로운 지붕도 웃고 있는 것처럼 보였다. 붉은색 점토질 도기들 사이에 있는 푸른색 유리판들

하나하나는 모두 생기가 넘치는 것처럼 보였으며, 조용하고 지속적으로 빛나는 아침하늘에서 무엇인가를 반사하려고 애쓰는 것처럼 보였다. 하늘과 약간 거친 용마루 모서리, 일정하게 정돈된 갈색의 기와들과 아주 연한 청색의 유리기와는 아름답고도 즐겁게 서로를 이해하고 있는 것처럼 보였다. 그것들은 특별한 아침에 서로 웃으며 교제하고 서로에게 호의를 가지는 것 이외의 어떤 다른 생각도 하지 않음이 분명했다. 푸른 하늘과 갈색 기와, 푸른색 유리는 같은 생각을 하고 있었으며 함께 조화를 이루고 있었다. 그들은 함께 연주하고 있었다. 그들은 행복했다. 그리고 그것들을 보고 그들의 연주에 함께 참여하는 것과 그들과 같이 찬란한 아침을 느끼는 것은 행복했다.

　잠을 자고 난 후 느긋한 마음으로 막 시작되는 아침을 만끽하면서 나는 그렇게 누워 있었다. 나의 침대에는 아름다운 영원성이 있었다. 내 생애의 어떤 다른 순간에 이와 동일하거나 유사한 행복을 맛본 적이 있었든 아니든 어떤 것도 이 경험보다 더 깊고 현실적일 수 없었다. 세상은 정상적이었다. 이런 행복이 백 초 동안 지속되었든 십 분 동안 지속되었든 그것은 시간의 문제가 아니었다. 그 행복은 날개를 펄럭이며 나는 부전나비가 다른 나비와 비슷하듯 모든 다른 진정한 행복과 조금도 다르지 않았다. 그 행복은 시간이 지나면서 사라졌다. 그 행복은 시간에 묻혔다. 그러나 그 행복은 깊고 영원하여 육십 년이 더 지난 지금에도 여전히 나를 사로잡아 그때를 상기시킨다. 나는 고단한 눈과 아픈 손가락으로 그 행복에 전화를 걸어 미소를 보내고 그 행복을 상기하여 기술하지 않을 수 없다. 이런 행복은 내 주변에서 일어나는 일들이 나의 존재와 조화를 이룰 때에만 가능하다. 이런 행복은 어떤 변화나 상승도 요구하지 않는 무욕의 평정심에 의해서만 가능하다.

집은 아직 조용했으며 밖에서도 아무런 소리가 들리지 않았다. 이런 고요함이 없었다면 아마도 일상의 의무, 일어나서 학교에 가야 한다는 생각 때문에 나의 행복은 깨졌을 것이다. 그러나 분명 낮도 아니고 밤도 아니었다. 달콤한 빛과 미소 짓는 푸르름이 있긴 했지만 현관의 보도블록 위를 종종걸음으로 걷는 하녀의 발걸음 소리도 들리지 않았고, 삐걱거리며 문을 여는 소리도 없었고, 층계를 오르는 아이의 발소리도 들리지 않았다. 아침의 이 순간은 시간이 정지해 있는 듯 했다. 아침의 이 순간은 나에게 아무것도 재촉하지 않았다. 이 아침에 나는 앞으로 다가올 일을 아무것도 염려하지 않았다. 아침의 이 순간은 그 자체로 충분했다. 그리고 아침의 이 순간에 완전히 사로잡혀 있었기 때문에 낮에 할 일을 생각하지 않았으며, 일어나 학교 가야한다는 생각도 하지 않았으며, 아직 마치지 못한 숙제나 잘 외우지 못한 외국어 단어들도 생각하지 않았으며, 신선하게 환기된 식당에서 서둘러 아침을 먹어야 한다는 생각도 하지 않았다.

그런데 아름다운 것의 상승, 너무나 벅찬 기쁨에 의해 행복의 영원함이 깨어졌다. 내가 그렇게 누워 움직이지 않는 동안, 그리고 밝고 조용한 아침의 세계가 내 안에 스며들어 나를 사로잡는 동안, 저 먼 곳으로부터 어떤 낯선 것, 찬란하게 빛나면서도 지나치리만큼 밝은 어떤 것이 정적을 깨뜨렸다. 그것은 기쁨으로 충만했으며 매혹적이면서도 잠을 깨게 만드는 달콤함으로 가득 차 있었다. 트럼펫 소리였다. 이제 내가 완전히 잠에서 깨어 침대에서 일어나 이불을 개는 동안 소리는 이미 합주로 바뀌었다. 시합주단이었다. 합주단이 악기를 연주하면서 행진하고 있었다. 아주 드물고 흥분되는 사건, 환호성이 울려 퍼지는 축제의 사건이었다. 나의 어린 가슴은 웃으면서 동시에 흐느껴 울었다. 마치 모든 행복, 모든 축복된 시간의 마력이 자극적이고 감미로운 나팔소리에 합류되어 녹아버린 것 같았다. 행복이 깨어지고 다시 세속의 덧없음에 휘말려버린 듯했다. 나는 축제의 기쁨에 들떠 후닥닥 일어나 문을 밀치고 옆방으로 달려갔다. 그 방의 창문을 열면 길을 볼 수 있었기 때문이다. 흥분과 호기심과 함께 참여하고 싶은 마음에 도취되어 창문을 열고 앉아 행복한 마음으로 떠들썩하고 우쭐대며 점점 가까이 오는 합주단의 연주를 들었다, 목소리로 거리가 가득 찼다. 바로 그 순간 나는 비몽사몽간의 행복의 시간에 까맣게 잊고 있었던 모든 것을 다시 알게 되었다. 사실 오늘은 수업이 없는 축제일이었다. 내가 알기로 오늘은 왕의 생일로 시가행진과 음악, 전무후무한 잔치가 있을 것이다.

이런 사실을 알고 다시 내 방으로 돌아가 일상의 법칙을 따랐다. 금속성 트럼펫 소리가 나에게 일깨워 주었던 오늘은 일상적인 날이 아니라 축제일이긴 하지만 아침의 마력이 가지는 고유한 의미와 아름다운 것과 거룩한 것은 이미 사라졌다. 시간의 물결, 세속의 물결, 일상성의 물결이 작고 사랑스러운 경이감을 밀어내고 다시 나를 삼켜버렸다.

(1949년)

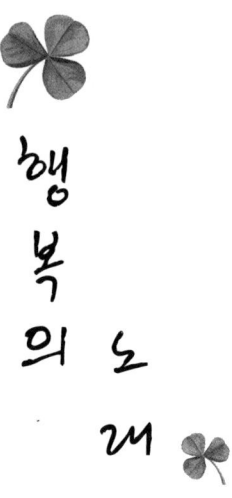

행복의 노래

행복을 애써 찾아다니는 한
그대는 아직 성숙한 행복을 얻지 못한다.
그대가 가지고 있는 것이 가장 귀한 것이다.

잃어버린 것을 한탄하는 한
많은 목표를 세우고 쉬지 않고 달리는 한
그대는 평안이 무엇인지 알지 못한다.

모든 소원을 포기할 때 비로소

그대의 목적이 아직 욕망으로 변하지 않을 때 비로소

행복을 더 이상 이름으로 부르지 않을 때

 그때 비로소 더 이상 그대의 가슴에

풍파가 일지 않고

그대 영혼이 쉼을 얻으리라.

● 칼 발저가 그린 크늘프로 가는 산책 삽화

여행의 의미

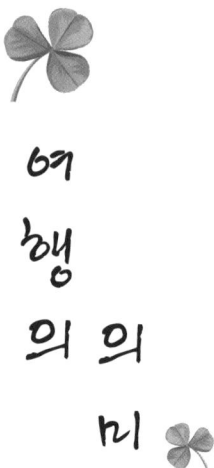

여행의 매력에 대해 무엇인가 쓸 기회가 내게 주어졌을 때 처음에는 우리 시대 여행사업의 끔찍함을 신랄하게 비판하고 싶은 마음이 들었다. 무의미하고 광적인 여행, 단조로운 현대식 호텔들, 인터라켄 같은 관광도시들, 영국인들과 벨기에인들, 자연경관이 손상되고 터무니없이 물가가 비싼 바덴의 슈바르츠발트, 알프스에서 집을 짓고 살고 싶은 쓰레기 같은 도시인들, 루체른의 테니스장들, 숙박업자들과 음식점 종업원들, 호텔풍습들, 호텔의 숙박료, 품질이 형편없는 포도주와 민속복장들 등을 비판하고 싶었다. 그러나 언젠가 내가 베로나*(이탈리아 북쪽 밀라노와 베네치아 사이의 중유럽의 교통요지)와 파두아 사이의 기차에서 어떤 독일인 가족에게 나의 이런 생각을 큰 소리로 말했을 때 그들은 내게 조용히 해달라고 정중히 요청했다. 그리고 한 번은 루체른에서 버릇없는 종업원의 따귀를 때리고 강제로 그 집에서 쫓겨난 적이 있었다. 그후부터 나는 참는 것을 배웠다.

이런 기억도 있다. 내가 한 모든 작은 여행들에 아주 만족했으며 그때마다 여행지에서 크고 작은 기념품을 가져왔다. 그런데도 내가 여행을 비판하는 이유는 무엇 때문인가?

'현대인은 어떻게 여행해야 할 것인가?' 하는 질문을 다루는 많은 책들이 있다. 그러나 내가 볼 때 좋은 책은 한 권도 없다. 어떤 사람이 관광여행을 한다면 당연히 그는 무엇을 왜 하는지 알아야 할 것이다. 오늘날 여행을 떠나는 도시인은 그것을 알지 못한다. 그는 여름에 도시가 너무 덥기 때문에 여행을 떠난다. 그는 분위기가 바뀌고 다른 환경에서 다른 사람들을 만나면 일에 지쳐 피곤한 심신을 쉴 수 있다는 희망 때문에 여행을 떠난다. 그는 자연과 땅, 식물에 대한 막연한 동경 때문에 산으로 떠난다. 그는 교양을 위해 로마로 여행을 떠난다. 그러나 그가 여행을 떠나는 가장 중요한 이유는 그의 친척들과 이웃들이 모두 여행을 떠나기 때문이며, 여행을 다녀온 후 그에 관해 이야기하며 허풍을 떨며 자랑할 수 있기 때문이며, 그것이 유행이기 때문이며, 여행 후에 다시 집에서 아주 편안한 느낌을 가지기 때문이다.

그렇다. 이 모든 이유들은 이해할만 하고 건전한 동기들이다. 그러나 크라카우어 씨는 왜 베르히테스가덴으로 여행을 떠났으며, 뮬러 씨는 왜 그라우뷘덴으로 여행을 떠났으며, 실링 여사는 왜 샹 블라진으로 떠났는가?

크라카우어 씨에게는 아는 사람들이 많이 있는데 그들도 크라카우어 씨처럼 언제나 베르히테스가덴으로 가기 때문이다. 뮬러 씨는 그라우뷘덴이 베를린에서 멀리 떨어져 있으며 유행을 선도하는 도시라는 것을 안다. 그리고 실링 여사는 샹 블라진에는 공기가 좋다는 소문을 들었다. 세 사람이 모두 그들의 여행계획과 경로를 서로 교환할 수 있었다면 그것들은 아주 똑같았을 것이다. 사람들은 도처에 아는 사람들을 가질 수 있으며, 어디서든 돈을 잃어버릴 수 있다. 그리고 유럽에는 공기가 좋은 장소들이 헤아릴 수 없이 많다. 그런데 왜 하필 베르히테스가덴인가? 왜 샹 블라진인가? 바로 여기에 잘못된 점이 있다. 여행의 의미는 언제나 새로운 것을 체험하는데 있어야 하는데, 인간은 정신적으로 그와 관련되어 있는 주변의 지역에서만 어떤 가치 있는 것을 체험할 수 있다. 적절한 여건에 따른 기분 좋은 소풍, 어느 음식점에서의 유쾌한 저녁, 어느 호수에서의 뱃놀이는 그 자체로는 아무런 체험이 아니며, 우리의 삶을 풍요롭게 하는 것도 아니며, 지속적으로 영향을 끼치는 자극도 아니다. 물론 그런 것들이 삶을 풍요롭게 해주고 지속적인 자극제가 될 수도 있지만 크라카우어 씨와 뮬러 씨에게는 그럴 수 있는 가능성이 거의 없다.

아마도 이런 사람들에게는 그들이 깊은 관계를 맺는 어떤 장소도 이 지구상에는 없을 것이다. 그들은 어떤 나라도, 어떤 해안이나 바다도, 어떤 산도, 고대의 어떤 도시도 설레는 기대감을 가지고 여행하지 않는다. 그것들을 구경함으로 그들의 꿈이 실현되지도 않는다. 그들은 그것들을 배워서 아는 것을 보석처럼 귀중하게 여기지도 않는다. 그럼에도 그들이 기왕 여행해야 했다면 더 행복하고 더 아름답게 여행할 수도 있었을 것이다. 그래서 그들은 여행하기 전에 먼저 지도를 보고서라도 여행할 나라와 지역들의 가장 중요한 특징에 관한 정보를 최소한 피상적이나마 알았어야 한다. 그 지역의 위치와 지형, 기후와 인종이 여행자의 고향과 그에게 익숙한 환경과 어떤 관계에 있는지도 알았어야 한다. 그리고 낯선 지역에 머무는 동안 그들은 그 지역의 특징적인 것을 함께 느껴보려고 할 것이다. 그들은 산과 폭포, 도시를 단지 스쳐지나면서 잠시 감탄하는 것이 아니라 그 지역에 있는 모든 것이 그럴 수밖에 없는 필연성이 있고 향토적이며 그렇기 때문에 아름답다는 것을 인식할려고 했을 것이다.

그렇게 할 자세가 되어있는 사람은 여행기술의 단순한 비밀을 쉽게 터득하게 된다. 그는 시라쿠스*(그라이스 시칠리아의 도시)에서 뮌헨의 맥주를 주문하지는 않을 것이다. 비록 그곳에서 뮌헨의 맥주를 마실 수 있다 할지라도 그 맥주는 김이 빠져있고 값이 비싸다는 것을 발견할 것이다. 그는 여행하려는 나라의 언어를 어느 정도 이해하지 않고는 그 나라로 여행하지 않을 것이다. 그는 외국의 풍경과 사람들, 관습과 음식 그리고 포도주를 자기 나라의 기준에 따라 판단하지 않을 것이다. 베네치아 사람이 보다 단호했으면 하고 바라지 않을 것이며, 나폴리 사람이 보다 조용했으면 하고 바라지 않을 것이며, 베른 사람이 좀 더 친절했으면 하고 바라지 않을 것이며, 키안티 산 포도주가 좀 더 달았으면 하고 바라지 않을 것이며, 리베에라 해안이 지금보다 더 시원하기를 소망하지 않을 것이며, 모래더미가 쌓여 바다와 분리되어 생긴 해안호의 해안이 더 가파르기를 바라지 않을 것이다. 그는 자신의 삶의 방식을 그 지역의 관습과 특성에 맞추고자 할 것이다. 그는 그린델발트에서는 일찍 일어나고 로마에서는 늦게 일어날 것이다. 특히 어디를 가든 그 지역 주민들과 가까워지고 그들을 이해하고자 할 것이다. 따라서 외국 여행객들이 많은 곳에는 출입하지 않을 것이다. 그리고 외국 관광객을 대상으로 하는 호텔에서 묵지 않고 주인과 직원이 모두 그 지역 사람인 숙박업소에 묵거나 민박을 하는 것이 훨씬 더 좋을 것이다. 민박집에서 그 지역 사람들의 삶의 모습을 그대로 볼 수 있기 때문이다.

 어떤 여행객이 아프리카에서 연미복을 입고 실린더 모자를 쓴 채 낙타 등에 타고자 한다면 그 꼴은 말할 수 없이 우스꽝스러울 것이다. 그러나 일반적으로 사람들은 스위스의 체르마트와 벵겐에서 파리 사람의 복장을 하고 프랑스의 도시에서 독일어를 말하고 괴셴엔에서 라인 지역의 포도주를 마시고 오르비에또에서 라이프치히에서와 동일한 음식을 먹는 것을 당연하다고 생각한다. 당신이 이런 유형의 여행객들에게 베른의 고지대가 어떠냐고 묻는다면 그들은 융프라우의 산악열차 요금이 너무 비싸다고 분개하면서 말한다. 그리고 당신이 그들에게 시칠리아 방언으로 말을 건넨다면 그곳에는 난방장치가 된 방은 없지만 타오르미나에서는 뛰어난 프랑스 요리를 먹을 수 있다는 정보를 얻게 된다. 당신이 그곳의 주민들과 그들의 삶이 어떠냐고 묻는다면 그 지역 사람들은 말할 수 없이 기묘한 복장을 하고 전혀 알아들을 수 없는 방언을 말한다고 설명한다.

여행의 매력은 일상의 단조로움과 노동, 분노로부터 벗어나 쉬는 데 있는 것이 아니고 다른 사람들과의 우연한 만남에 있는 것도 아니고 다른 지역의 경치를 구경하는데 있지도 않다. 여행의 매력은 호기심을 만족시키는데 있지도 않다. 여행의 매력은 체험에 있다. 여행은 그런 체험을 통해 삶의 영역을 보다 다양하게 해준다. 여행의 매력은 새로 획득된 것을 유기적으로 통합하는데 있으며, 다양성 속의 통일과 자연, 인간의 위대한 조화에 대한 이해의 폭을 넓혀주는데 있으며, 고대의 진리들과 법칙들을 전혀 새로운 관계에서 다시 발견하는데 있다.

그밖에도 여행의 매력에는 인상 깊은 일들에 대한 다양한 경험,

놀라운 일들에 대해 언제나 들뜬 기분이나 근심스러운 기대, 특히 새롭고 낯선 사람들과의 아름다운 교제 등이 있다. 관리인이나 웨이터의 감시하는 눈길은 베를린에서나 팔레르모*(그리이스 시칠리아 섬의 도시들)에서나 똑같다. 그러나 당신은 그라우뷘덴*(스위스의 가장 오래된 도시 중 하나. 관광도시)의 어떤 외떨어진 목장에서 당신을 보고 놀라는 목동의 눈길을 잊지 못한다. 당신은 피스토자에 있는 작은 가정에서 이 주일 동안 묵은 적이 있는데 그 집도 역시 잊지 못한다. 아마도 당신은 그 사람들의 이름이 생각나지 않을 것이며, 그 사람들의 작은 운명과 배려를 전혀 기억하지 못할 것이다. 그러나 당신은 당신이 불과 한 시간 만에 아이들과 처음으로 친해졌고 그 다음에는 핏기 없는 작은 부인과 친해졌으며 그런 후 그녀의 남편과 할아버지와 친하게 된 것을 결코 잊지 못할 것이다. 당신은 잘 알려진 일들에 관해 그들과 이야기할 필요가 없었으며 친숙한 것과 공통된 것을 서로 비교할 필요도 없었다. 그들이 당신에게 그렇듯이 당신도 그들에게 새롭고 낯선 사람이었다. 당신이 그들에게 무엇인가 말할 수 있기 위해서는 당신의 전통을 벗어버려야 했으며, 스스로 창조하고 당신의 존재의 근원으로 돌아가야 했다. 아마도 당신은 아주 사소한 일들에 관해 그들과 이야기했을 것이다. 그러나 당신은 이 낯선 사람들을 조금이라도 이해하고, 그들의 본성과 삶의 일부를 배워 알기 위해 손으로 만지고 질문하면서 인간 대 인간으로 말했다.

낯선 나라와 낯선 도시에서 단지 유명한 것과 눈에 띄는 것만 찾지 않고 애정을 가지고 그 지역의 고유한 것과 깊이를 이해하고 파악하고자 하는 사람에게는 대체로 우연적인 것들과 사소한 것들이 특히 기억에 남는다. 플로렌스를 생각할 때 처음으로 떠오르는 것은 대성당이나 궁전이 아니라 지아르디노 보볼리에 있는 금붕어를 기르는 작은 연못이다. 그곳에서 나는 플로렌스에 온 첫 날 오후에 몇 명의 부인들과 그들의 아이들과 함께 대화를 나누었으며 처음으로 플로렌스 방언을 들었다. 그렇게 많은 책에서 익숙하게 접해온 도시가 비로소 처음으로 내가 함께 이야기할 수 있고 손으로 만질 수 있는 현실적이고 생생한 어떤 것으로 느껴졌다. 그렇다고 해서 내가 플로렌스에 있는 대성당과 고대의 궁전과 기타 모든 유명한 것들을 보지 못했다는 것은 아니다. 나는 여행 안내서를 보고 부지런히 돌아다니는 많은 사람들보다 그 도시를 더 잘 이해했고 더 감명 깊게 보았다고 확신한다. 아주 사소하고 부차적인 경험들 때문에 그 도시는 내게 확실하고 종합적으로 이해되었다. 우피치 미술관*(이탈리아 르네상스 회화의 컬렉션으로 세계 제일의 미술관)에서 본 아름다운 그림들에 대한 기억은 희미해졌지만, 식당의 여주인과 잡담으로 보낸 여러 날 저녁과 포도주 전문점에서 젊은이들과 잡담으로 보낸 여러 날 밤은 아직도 생생하다. 그리고 입담 좋은 교외의 양복점 재단사가 그의 대문 아래서 나의 찢어진 바지를 몸에 꼭 맞게 기워주었을 뿐만 아니라 열을 올려 정치이야기를 하고 오페라 음악과 경쾌한 민요를 불러주던 기억도 생생하다. 그런 사소한 일들이 때로는 귀중한 추억의 핵심이 되기도 한다. 초핑엔이라는 작고 아담한 도시에 있을 때였다. 나는 거기서 음식점 주인딸과 약혼한 청년과 권투를 해서 이겼다. 그런 사실 때문에 비록 그 도시에 머문 것은 불과 두 시간밖에 되지 않았지만 내게 잊을 수 없는 도시가 되었다. 지금도 바덴 주의 블라우엔 남쪽에 위치한 함머스타인이란 매력적인 마을의 모든 지붕들과 골목들을 생생하고 아름답게 기억하고 있다. 어느 날 저녁 늦게 숲에서 길을 잃고 헤매다 우연히 그곳에 도달하지 않았다면 그런 기억은 불가능 했을 것이다. 산기슭을 돌았을 때 나는 아주 갑작스럽고도 뜻밖에 마을이 저 아래 깊은 계곡에 있는 것을 보았다. 그 마을은 조용하고 조는 듯 했으며 집들이 서로 이마를 맞대고 있었다. 그리고 마을 뒤에는 방금 떠오른 달이 있었다. 내가 편안한 국도를 따라 도착하여 산책을 하였다면 그 마을에 관해 더 이상 아무것도 알지 못할 것이다. 불과 한 시간동안 그곳에 있었을 뿐인데 그 마을의 아름다운 모습은 평생 잊어지지 않았다. 그리고 이 작은 마을의 모습과 함께 나는 전체의 고유한 풍경을 생생하게 기억하고 있다. 일찍이 젊은 시절에 적은 돈을 가지고 짐도 없이 상당히 먼 거리를 도보로 여행한 적인 있는 사람은 이런 경험이 얼마나 인상 깊은 일인지 잘 안다. 풀밭이나 신선한 건초더미에서 보낸 밤, 외떨어진 축산 농가의 오두막에서 겨우 얻은 한 조각의 빵과 치즈, 어느 작은 마을의 결혼식 피로연에 초대되었다 우연히 들르게 된 음식점 등은 결코 잊어지지 않는다. 그렇지만 우연한 일 때문에 본질적인 것이 잊어져서는 안 되며 낭만적인 요소 때문에 시적 분위기가 잊어져서는 안 된다. 여행을 하며 떠돌아다니는 것과 기분 좋은 우연을 기대하는 것은 물론 좋은 경험이다, 그러나 모든 여행은 하나의 확실하고 특별한 내용과 의미를 가져야 한다. 여행이 만족스럽고 보다 깊은 의미에서 하나의 체험이 되기 위해서는 말이다. 지루한 기분을 달래고 단순한 호기심을 채우기 위해 여러 나라를 이리저리 떠돌아다니는 것은 죄악이며 조롱거리가 되는 일이다. 그런 사람에게 있어서 여러 나라들의 내적 본질은 관심의 대상이 아니며 중요하지도 않다. 우리가 소중하게 생각하고 그것을 위해 희생을 아끼지 않는 우정이나 사랑과 마찬가지로 그리고 우리가 신중하게 선택하여 사서 읽는 책과 마찬가지로 모든 관광여행과 탐구여행은 사랑하는 것을 의미하며, 배우고자 하는 의지를 의미하며, 자기희생을 의미한다. 그런 여행의 목적은 어떤 나라와 민족, 어떤 도시나 풍경을 여행자의 영적 재산이 되도록 해주는 것이어야 한다. 여행자는 애정을 가지고 헌신적으로 낯선 지역을 세심하게 관찰해야 하며, 인내를 가지고 그 지역의 고유한 특징을 알려고 노력해야 한다. 허영과 교만으로 파리와 로마로 여행을 떠나는 부유한 소세지 상인은 여행에서 아무것도 얻지 못한다. 그러나 알프스나 바다, 이탈리아의 옛 도시들을 동경하여 길고 치열한 젊은 시절을 보내고 드디어 여행할 시간과 경비를 겨우 조달한 사람은 여행지의 모든 이정표와 햇빛이 잘 들어 덩굴장미가 덮인 수도원의 담장과 백년설로 덮인 모든 산봉우리와 해변을 정열적으로 자기 것으로 만들고자 하나도 놓치지 않을 것이다. 그에게는 이런 것들을 말로 표현하는 것보다 더 중요하며, 죽은 것이 살아나고 벙어리가 말하게 되는 것보다 더 중요하다. 그는 하루 동안에도 헤아릴 수 없이 많은 것들을 체험할 것이며 형식적인 여행자가 여러 해 동안 즐기는 것보다 더 많은 것을 즐기게 될 것이다. 그는 일생동안 기쁨과 이해, 충만한 행복을 경험할 것이다.

돈과 시간을 걱정하지 않고 여행하고 싶은 사람에게는 자신이 보고 느낄만하다고 생각하는 나라들을 차근차근 습득하는 것이 절대로 필요할 것이며, 천천히 배우고 즐기면서 세계의 한 지역을 자기 것으로 만드는 것이 필요할 것이며, 여러 나라들에 정착하고 사방에서 돌들을 수집하여 지구와 지구의 삶을 포괄적으로 이해하는 아름다운 건물을 짓는 것이 필요할 것이다.

오늘날 우리 시대의 많은 관광객들은 도시생활에 지친 사람들로 잠시 동안 자연과 함께 지내면서 심신을 쉬고 위안을 받는 것 이외의 어떤 다른 것도 요구하지 않는다. 그들은 '자연'에 관해 즐겨 이야기한다. 그들은 자연을 사랑하는데 그 사랑의 반은 두려움에서 오는 것이며 반은 자연을 보호한다는 '생색내기'이다. 그러나 그들은 어디서 자연을 추구하며 얼마나 많은 사람이 자연을 발견하는가?

'자연'과 가까워지고 자연의 힘과 위안을 맛보기 위해서는 아름다운 곳으로만 여행해야 한다고 생각하는 것은 아주 일반화된 오류이다. 대도시의 뜨거운 거리에서 도망한 사람에게 바다나 산의 신선하고 깨끗한 공기가 좋다는 것은 분명하다. 그는 그것에 만족한다. 그는 더 신선함을 느끼고, 숨을 더 깊이 들이마시며, 잠을 더 잘 잔다. 그는 '자연'을 제대로 즐기고 흡수했다는 믿음을 가지고 감사하며 집으로 돌아간다. 그는 자신이 단지 자연의 가장 피상적이고 비본질적인 것을 이해했을 뿐임을 알지 못한다. 그는 최선의 것을 발견하지 못하고 길에 떨어뜨렸음을 알지 못한다. 그는 보는 것과 찾는 것, 여행하는 것의 의미를 이해하지 못한다.

스위스나 티롤이나 북해나 슈바르츠발트의 일부를 파악하는 것이 플로렌스나 시에나를 확실히 파악하는 것보다 더 단순하고 쉽다고 믿는 것은 근본적으로 잘못된 것이다. 플로렌스에서 팔라쵸 베치오 탑과 대성당의 지붕 이외에는 어느 것도 기억하지 못하는 사람들은 슐리어제에 관해서도 단지 나선형 돌계단의 윤곽만 기억할 것이다. 루체른에 관해서는 빌라도 상과 푸른 호수의 안개 이외에는 아무것도 기억하지 못할 것이며 몇 주가 지나면 정신은 다시 이전처럼 황폐하게 될 것이다. 자연은 문화와 예술과 마찬가지로 쉽게 접근을 허락하지 않는다. 자연에 길들어지지 않은 도시인이 자연을 이해하고 그 은총을 누리려면 무한한 포기가 요구된다.

기차를 타거나 역마차 안에서 코타르트, 브레너 또는 심플론을 거쳐 여행하는 것은 멋진 일이다. 리비에라*(이탈리아 북서부의 지중해 연안지역)를 따라 게누아에서 리보르노까지 가거나 해안호에서 운행하는 배를 타고 베니스에서 쵸지아까지 가는 것은 멋진 일이다. 그러나 여행에서 진정으로 얻을 수 있는 것은 그런 인상들과는 거리가 멀다. 특별히 섬세하고 숙련된 사람들만이 위대한 자연의 특징을 스쳐 지나가면서 파악하여 간직할 수 있다. 대다수의 사람들은 바다의 공기와 푸른 물과 해안선의 모습에 관해 일반적인 인상을 가질 뿐이다. 그리고 그런 인상도 극장에서 본 영화의 한 장면처럼 곧 희미해진다. 여행사를 따라 여행하는 대다수의 사람들에게 여행은 그런 것이다.

여행하는 사람은 모든 것을 다 보고 다 알려고 해서는 안 된다. 스위스 지역의 알프스에 있는 두 개의 산과 두 개의 계곡을 도보로 철저히 주파한 사람은 같은 기간에 한 장의 관광안내지도를 들고 스위스 전체를 여행한 사람보다 그 나라를 더 잘 안다. 나는 루체른과 비츠나우에 다섯 번 간 적이 있지만 피어발트테터 호수를 제대로 파악한 것은 발로 젓는 보트를 타고 칠 일 동안 그 호수에서 지내면서 호수의 모든 만과 모든 전경들을 자세히 살펴본 후였다. 그후부터 나는 그 호수를 손바닥 보듯 훤하게 알게 되었다. 그리고 내가 원하는 시간에는 언제나 사진과 지도가 없이도 호수의 가장 작은 부분이라도 정확하게 눈앞에 그릴 수 있으며 애정을 가지고 새롭게 즐길 수 있다. 호숫가의 형태와 식물분포, 산의 형태와 높이, 교회의 종탑과 선착장이 있는 모든 마을들, 시시각각으로 변하는 호수물의 색깔과 그 물에 반사된 풍경들이 눈에 선하다. 이와 같이 감각적으로 분명한 표상에 근거하여 비로소 나는 그 지역 사람들도 이해할 수 있게 되었으며, 호숫가에 있는 마을 사람들의 태도와 방언, 전형적인 얼굴과 성들, 개개의 도시들과 주들의 특성과 역사를 서로 비교하여 이해할 수 있게 되었다.

일전에 베니스의 해안호를 멍청하게 바라보는데 지쳐 팔 일 동안 밤과 낮을 토르첼로에 있는 어떤 어부의 배와 빵, 침대를 같이 사용한 적이 없었다면 베니스에 대한 나의 열렬한 애정에도 불구하고 아직도 내게는 베니스의 해안호가 낯설고 기이하게 남아있을 것이다. 나는 섬을 따라 노를 저었으며, 투망을 들고 갈색의 진흙 밭을 걸어서 건넜으며, 호수의 물과 거기서 자라는 식물들과 동물들을 익혔으며, 호수의 독특한 공기를 숨쉬고 관찰하였다. 그후 나는 호수에 익숙하고 친해졌다. 그 팔 일 동안 나는 티치안과 베로네제를 구경했을 수도 있다. 그러나 나는 아카데미와 베니스의 왕궁에서 배우는 것보다 연한 갈색의 삼각돛을 단 그 어선에서 티치안과 베로네제를 더 잘 이해할 수 있었다. 단지 몇 장의 그림들이 아니라 베니스 전체가 이제 내게는 더 이상 아름답지만 풀 수 없는 수수께끼가 아니다. 이제 베니스는 훨씬 더 아름답고 나에게 속하는 현실이다. 나는 그 현실에 대해 이해하는 자가 마땅히 가질 수 있는 권리를 가진다.

황금빛으로 물든 여름 저녁을 게으른 눈으로 바라보는데 머물지 않고, 상쾌한 산의 공기를 유쾌하게 들이마시는데 머물지 않고 자연과 풍경을 진정으로 이해하기까지는 아직 먼 길이 남아있다. 어느 따뜻한 여름날 잔디에 누워 한가한 시간을 보내는 것은 멋진 일이다. 그러나 그것을 완전하고 백 배나 더 깊이 있고 고상하게 즐길 수 있는 사람은 잔디를 산과 시내, 오리나무 숲과 멀리 우뚝 솟아있는 산 정상들과 잘 조화된 자연의 일부로 이해하는 사람뿐이다. 그런 작은 조각의 땅덩이로부터 땅의 법을 읽어내기 위해서는, 땅의 고유한 형태와 그 땅에만 있는 식물분포를 주의 깊게 관찰하기 위해서는, 그 땅의 형태와 식물분포를 그곳에 사는 사람들의 역사와 기질, 건축양식과 언어, 복장과 관련하여 느끼기 위해서는 애정과 헌신, 노력이 요구된다. 그러나 그런 수고는 유익한 것이다. 당신이 열정과 애정을 가지고 친해지고 익숙해진 땅에서는 당신이 누워 쉬는 모든 잔디와 바위가 당신에게 그의 비밀을 드러내 보여주며 다른 사람들에게 베풀지 않은 힘으로 당신에게 다가온다.

물론 모든 사람이 그가 일주일 동안 머무는 곳을 지질학자와 역사가, 방언연구가와 식물학자, 경제학자처럼 연구하여 알 수는 없을 것이다. 당연히 그렇다. 그러나 중요한 것은 이름을 아는 것이 아니라 느낌이다. 학문은 아직 어느 누구도 행복하게 해주지 못했다. 그러나 결코 헛된 발걸음을 하지 말아야 한다고 생각하고 자신이 언제나 전체의 일부로 살면서 세계라는 네트워크에 연결된 존재라고 절실하게 느끼는 사람은 특징적인 것과 가치 있는 것, 그 지역 특유의 것에 아주 빨리 눈을 뜨게 된다. 그는 우연한 사건들을 찾아 이리저리 헤매는 대신 여행하는 지역의 땅과 나무, 산의 형태와 동물, 사람을 비교해서 공통적인 것을 찾아내어 그것에 관심을 기울인다. 그는 이런 공통적인 것, 그 지역에 전형적인 것은 가장 작은 꽃에서도 나타나고, 가장 민감한 공기의 맛에서도 느껴지며, 방언과 건축양식, 민속춤과 민요의 가장 미묘한 차이에서도 나타남을 발견할 것이다. 그리고 그가 어느 방면에 소질이 있느냐에 따라 그 지역에서 유행하는 유머나 나뭇잎의 냄새, 교회의 종탑이나 희귀한 작은 꽃은, 한 지역의 전체적인 특성을 파악하는데 결정적인 단서가 되는 전형적인 틀의 역할을 할 것이다. 그리고 사람들은 그런 틀을 잊지 않는다.

이것으로 충분하다. 단지 내가 더 말하고 싶은 것은, 사람들이 흔히 말하는 특별한 '여행의 재능'을 믿지 않는다는 것이다. 여행하면서 낯선 사람들과 빨리 친해지고 여행지의 대표적인 것과 가치 있는 것을 한 눈에 알아보는 사람들은 인생 전반에 걸쳐 하나의 의미를 깨닫고 그들의 운명을 따라갈 줄 안다. 생명의 근원에 대한 강한 향수 모든 살아있는 것과 창작하는 자, 성장하는 것과 친구가 되어 하나임을 느끼고자 하는 욕망은 그들에게 있어서 세상의 비밀을 여는 열쇠이다. 그들은 단지 먼 나라를 여행할 때뿐 아니라 일상의 다양한 삶과 경험에서도 호기심을 가지고 행복한 마음으로 그 열쇠를 찾고자 한다.

(1904)

● 1911년 4월 이탈리에서 친구 프리츠 브룬과 여행중에 익살스러운 포즈를 잡고 있는 헤세(오른쪽)

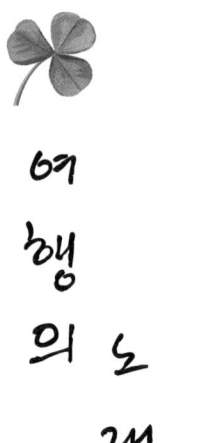

여행의 노래

태양은 단지 가슴속을 밝히고
바람은 나의 염려와 무거운 짐을 날려 보내도다!
지상에서 더 큰 기쁨을 나는 알지 못하네
먼 곳을 여행하는 것보다.

평지를 따라 나의 길을 간다.
태양이 나를 태우고 바다가 나를 식히는구나.
대지의 삶을 함께 느끼고 싶어
나의 모든 감각을 활짝 연다.

그렇게 모든 새로운 날은 내게

새로운 기쁨과 새로운 형제들을 점지해 줄 것이다.

내가 모든 힘들을 기꺼이 찬양할 때까지

모든 별들의 손님이며 친구일 때까지.

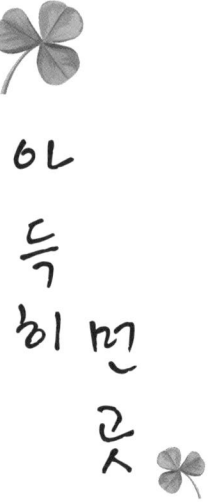

아득히 먼 곳

　소년시절 종종 높은 산에 홀로 올라가 저 멀리 언덕 끝자락에서 시시각각 기묘한 형상들로 변하면서 피어오르는 안개를 본 적이 있었다. 언덕들 너머에는 깊고 푸른 아름다움에 잠긴 세계가 펼쳐져 있었다. 발랄하고 갈망하는 내 영혼의 모든 사랑이 한 곳으로 흘러 커다란 동경의 바다를 이루었으며, 그 사랑이 습기에 젖어 내 눈에 들어왔을 때 눈은 호기심에 가득 찬 시선으로 부드럽고 아득한 푸르름을 마셨다. 일상의 가까움은 내게 차갑고 딱딱하며 투명하게 느껴졌다. 일상의 가까움은 여백과 비밀을 허락하지 않았다. 그러나 저 먼 곳에는 옛날부터 변치 않는 것이 부드럽게 울리고 있었다. 그

것은 완전한 화음과 수수께끼였으며 감당할 수 없는 유혹이었다.

그때부터 나는 여행 마니아가 되어 소년시절 안개 속에서 보았던 모든 언덕들을 실제로 답사했다. 그때 그 언덕들은 차갑고 딱딱하고 투명하게 눈앞에 나타났다. 그러나 더 먼 저편에는 다시 상상력을 자극하는 은은하게 푸른 깊음이 놓여 있었다. 그 깊음은 더 고상하고 더 호기심을 자극하는 것이었다.

푸른 깊음은 종종 나를 유혹했다. 나는 깊음의 마력을 저항할 수 없었으며, 그 속에서 고향 같은 아늑함을 느꼈다. 지금 눈앞에 있는 언덕들이 낯설게 느껴졌다. 나는 지금 그것을 행복이라 부른다. 저쪽으로 눈을 돌려 푸른 들판을 바라보며 차가운 현실을 잠시 동안 잊는 것이 바로 행복이다. 그것은 내가 소년시절에 생각했던 것과는 약간 다른 행복이다. 그 행복은 조용하고 고요한 어떤 것이며 아름답지만 요란하지는 않다.

내가 경험한 고요한 은자의 행복으로부터 모든 사물들을 집착하지 않고 멀리서 바라보는 지혜를 배웠으며, 아무것도 일상의 가까움이 주는 차갑고 냉정한 빛에서 판단하지 않는 지혜를, 모든 것을 소중하게 생각하는 지혜를 배웠다.

아무리 값비싼 보석이라 할지라도 오래 지니고 다니면 싫증을 느끼게 되고 그 보석에 대한 애정도 사라지며 결국 그 찬란한 가치를 상실하게 마련이다. 아무리 고상한 직업도 마찬가지이며, 아무리 뛰어난 시인도, 아무리 축복된 나라도 마찬가지이다. 따라서 추구할만한 가치가 있는 예술은 우리가 먼 곳에 있는 아름다움들을 추구하고 사랑하듯이 가까이 있는 것들에 대해서도 그런 자세를 가지는 것이다. 매일 아침 떠오르는 태양과 아득히 먼 곳에 있는 별들을 시시하게 생각하지 않는다면 우리 주변 가까이 있는 가장 사소한 것에 대해서도 부드러운 향기와 반짝이는 아름다움을 느낄 수 있다. 우리가 그것을 소중하게 생각하여 부드럽게 다루며 그것을 보고 시상을 떠올림으로 말이다(모든 사물들은 그것들에 고유한 어떤 시적인 요소를 가진다). 사람들이 어떤 것을 야만적으로 즐기면 그것은 사람들에게 찌르는 독이 되지만, 초대받은 손님처럼 조심스럽게 향유한다면 그것은 우리에게 가치 있는 것으로 남으며 우리를 고상하게 만든다.

우리는 어떤 학교에서도 그런 지혜를 멀리서 바라보는 동경심을 통해서 배우는 것처럼 그렇게 잘 배울 수 없다. 당신은 당신의 고국에서 만족하십니까? 당신은 더 아름답고 더 풍요롭고 더 따뜻한 나라를 아십니까? 당신이 동경하는 나라로 여행을 떠나십시오. 더 아름답고 따뜻한 다른 여러 나라들을 여행하십시오. 당신의 가슴이 활짝 열리며, 부드러운 하늘을 바라보며 새로운 행복을 느낄 것입니다. 지금 그것이 당신의 낙원입니다. 그러나 그 낙원을 찬양하기 전에 조금만 기다립시오. 몇 년 만 기다리십시오. 처음의 기쁨과 소년시절이 지나갈 때까지 아주 조금만 기다리십시오. 때가 되면 산에 올라가 거기서 당신의 고향이 어디쯤인지 가늠해 보십시오. 거기서 바라보는 언덕들은 얼마나 부드럽고 푸르렀는지! 그리고 당신은 당신이 어린 시절 뛰어놀던 집과 정원이 여전히 거기에 서 있음을 느낍니다. 당신은 소년시절의 모든 추억들이 거기에 꿈속처럼 서려 있음을 느낍니다. 그리고 당신 어머니의 무덤이 거기 있음을 느낍니다.

당신의 의지와는 상관없이 그렇게 당신의 옛 고향은 사랑스럽고 멀어졌으며, 새로운 고향은 낯설고 너무나 가까워져 있다. 우리의 가련하고 현란한 인생에서 우리가 소유한 모든 것과 모든 관습도 그렇다.

(1904)

● 친구 쉔크와 함께 헤세의 도보 여행

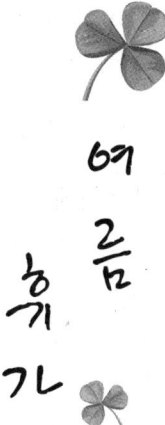

여름휴가

여름휴가는 그래야 한다. 산 위에는 맑고 푸른 하늘이 보이는 반면 일주일 내내 뜨거운 날들이 계속된다. 간간히 강하고 짧은 천둥과 번개가 칠 뿐이다. 강물은 많은 사암 사이를 뚫고 잣나무 그늘과 좁은 계곡을 지나 흐르지만 너무 뜨거워 늦은 저녁이 되어야 비로소 거기서 목욕할 수 있었다. 작은 도시 전체에는 건초 냄새가 났다. 좁은 띠처럼 이어져 있는 몇 마지기 전답은 황금빛 갈색이 되었다. 실개천 가에는 흰색 꽃이 핀 미나리과의 식물들이 사람 키 높이만큼 무성하게 자라 있었다. 그 식물들의 꽃은 우산 모양인데 언제나 작은 풍뎅이들이 그 꽃을 가득 덮고 있었다. 그 식물의 속이 빈 줄기를 잘라 피리를 만들 수도 있다. 숲 언저리에는 솜털이 나고 노란색 꽃이 핀 현삼과의 식물이 화려한 자태를 뽐내며 길게 늘어서 있었다. 부처꽃과 야생장미는 가늘고 질긴 줄기 위에서 하늘거리며 언덕 전체를 자줏빛으로 물들이고 있었다. 안쪽으로 전나무 아래는 키가 커서 눈에 띠는 붉은색 디기탈리스가 서 있었는데 그 모습이 진지하고 아름답지만 낯설게 느껴졌다. 디기탈리스는 은빛 털이 넓게 덮인 잎이 받침을 이루고 있는데, 강한 줄기에 잘 정돈된 아름다운 붉은색 꽃들이 피어 있었다. 그 꽃들은 받침이 있는 잔처럼 생겼다. 그 옆에는 여러 가지 버섯들이 있었다. 붉은색의 밝게 빛나는 광대버섯, 통통하고 넓은 석이버섯, 염소의 수염처럼 기이하게 생긴 버섯, 붉은색으로 가지가 퍼져있는 산호버섯 그리고 특별한 색이 없고 비정상적으로 기름기가 많은 스파겔이 있었다. 숲과 잔디밭 사이의 밭두렁에는 노란색 금작화가 화려하게 피어 있었고 그 옆에는 키가 큰 연분홍 진달래 군락들이 있었다. 그 옆의 잔디밭에는 황새냉이, 동자꽃, 샐비어, 체꽃이 색색으로 무성하게 자라고 있었다. 활엽수림에서는 되새속 꽃들이 쉬지 않고 노래를 부르고 있었으며, 전나무 숲에서 붉은 기운이 도는 다람쥐들이 나무 꼭대기에서 이리저리 달리고 있었다. 밭두렁과 담장, 건조한 무덤들에는 녹색의 도마뱀들이 더위에 숨을 몰아쉬면서 목덜미를 까닥거리고 있었다. 잔디밭 저 멀리에 아득히 매미 우는 소리가 끝없이 들렸다.

그 도시는 이 무렵 상당히 시골적인 분위기를 풍기고 있었다. 거리에는 건초를 나르는 차가 다녔고 건초냄새가 났으며 낫을 만드는 대장간이 있었다. 두 개의 공장이 없다면 마치 작은 시골 마을로 착각할 정도였다.

휴가 첫 날 아침 일찍 한스는 나이 든 안나가 눈도 채 뜨기 전에 이미 부엌에서 서성거리며 커피를 기다리고 있었다. 그는 불 피우는 것을 도와주었으며 빵집에서 빵을 사왔다. 신선한 우유를 탄 커피를 급히 마시고 빵을 접시에 담아놓고 급히 밖으로 나갔다. 그는 철둑에 멈추어 서서 바지 주머니에서 둥근 양철 상자를 꺼내 열심히 메뚜기를 잡기 시작했다. 기차가 지나갔다. 그곳은 급경사였기 때문에 기차 소리는 요란하지 않고 오히려 쾌적하게 들렸다. 기차는 창문이 활짝 열려 있었고 승객들은 얼마 되지 않았다. 증기기관차의 길고 흰 연기가 날렸다. 한스는 흰 연기가 소용돌이치며 맑은 하늘로 흩어지는 모습을 바라보았다. 얼마나 오랫동안 잊고 있던 광경인가! 한스는 잃어버린 아름다운 시간을 되찾아 다시 한 번 숨김없고 염려하지 않는 어린이가 되고 싶다는 듯이 크게 한숨을 쉬었다.

메뚜기를 담은 상자와 새로 산 낚싯대를 들고 다리를 건너 강에서 수심이 가장 깊은 곳에 들어서면서 한스는 고기를 잡는다는 희열에 가슴이 뛰었다. 버드나무 둥치에 몸을 기대고 조용하고 편안하게 낚시질을 할 수 있는 아주 좋은 곳이 있었다. 낚싯대의 줄을 풀고 그 옆에 메뚜기를 담은 상자를 놓았다. 통통한 메뚜기 한 마리를 무자비하게 낚싯바늘에 꿰어 낚싯대를 강 한가운데로 던졌다. 익숙한 솜씨로 낚시질을 하기 시작했다. 작은 물고기들이 미끼 주위로 몰려들어 낚싯바늘에서 미끼를 따먹으려 하였다. 곧 미끼가 따먹혔다. 두 번째 메뚜기를 바늘에 꿰어 던졌다. 하나 더, 네 번째, 다섯 번째 메뚜기를 던졌다. 그는 점점 단단히 미끼를 낚싯바늘에 묶어 던졌다. 마지막에는 여러 마리를 한꺼번에 묶어 던졌다. 드디어 첫 번째 물고기가 미끼를 물었다. 그 물고기는 미끼를 힘껏 물었다 다시 놓고 다시 물었다. 드디어 미끼와 함께 낚싯바늘을 문 것이다. 숙련된 낚시꾼은 낚싯대와 낚싯줄을 통해 손가락으로 전해오는 느낌으로 고기가 문 것을 안다. 한스는 날렵하게 낚싯줄을 잡아채어 조심스럽게 당기기 시작했다. 고기가 낚싯줄에 달려 있었다. 한스는 그 고기가 구릿빛 황어임을 알았다. 몸통이 넓고 누르스름한 빛을 띠고 있으며 머리는 삼각형이고 지느러미는 붉은색인 것을 보아 금방 알 수 있었다. 무게가 얼마나 될까? 그러나 막 그런 생각을 하는 동안 그 물고기는 최후의 몸부림을 치며 물 위로 솟구쳤고 그러는 바람에 낚싯바늘에서 떨어져 나갔다. 그리고는 물속에서 서너 번 몸을 뒤틀더니 이내 번개처럼 깊은 물속으로 사라졌다. 낚시꾼의 사냥본능이 꿈틀거렸다. 낚싯대에 달린 연한 갈색의 낚싯줄을 뚫어져라 응시하였다. 그의 손놀림이 날쌔고 정확해졌다. 두 번째 황어가 미끼를 물었을 때는 실수 없이 잡아 올렸다. 다음에는 작은 잉어를 잡았고, 그 다음에는 연속해서 메기가 세 마리 잡혔다. 한스는 특히 메기가 마음에 들었다. 아버지가 그 고기를 좋아했기 때문이다. 메기는 손바닥 크기만 했으며 몸통은 기름기가 많고 작은 비늘이 덮여 있으며 머리는 크고 흰 수염이 우스꽝스럽게 나 있었다. 눈은 작고 꼬리는 가늘었다. 색깔은 녹색과 갈색의 중간색인데 공기 중에 나오면 청색으로 변했다.

그러는 사이 해가 중천에 떠오르자 댐 표면에 떠 있는 거품이 눈처럼 희게 빛났다. 수면 위에 아지랑이가 피어 올랐다. 산 위에 몇 조각의 작은 구름이 떠 있었다. 날씨가 더웠다. 작은 구름 조각들이 중천에 떠 있고 그 구름들이 햇빛을 받아 눈부시게 반사되어 눈을 뜰 수 없는 날씨처럼 덥게 느껴지는 한여름의 날은 없다. 그런 구름이 없다면 얼마나 더운지 잘 느끼지 못할 것이다. 푸른 하늘이나 수면의 아지랑이를 보고는 그렇게 더위를 느끼지 않을 것이다. 그러나 몇 척의 요트가 흰 수면 위에 떠 있는 것을 보면 사람들은 갑자기 이글거리는 태양을 느끼고 그늘을 찾아 이마에 흐른 땀을 훔친다.

한스는 낚싯줄을 버드나무 가지 위에 걸쳐놓고 바닥에 앉아 물위를 바라보았다. 고기들이 천천히 위로 올라 왔다. 더위에 지쳐 조용하고 천천히 헤엄을 쳤다. 그 고기들에게는 따뜻한 물이 아주 쾌적할 것이다. 한스는 장화를 벗고 물에 발을 담갔다. 미지근했다. 잡힌 물고기를 보았다. 아무 반항도 없이 커다란 물통에서 이리저리 꼬리를 찰싹거리며 헤엄을 치고 있었다. 참 아름답구나! 물고기들이 헤엄을 칠 때마다 비늘과 지느러미가 햇빛에 반사되어 흰색, 갈색, 녹색, 은색, 금색, 푸른색과 그 밖의 다른 색들이 반짝거렸다.

아주 조용하였다. 다리 위에서 달리는 자동차 소리도 거의 들리지 않았다. 물레방아가 돌아가는 소리도 여기서는 아주 희미하게 들렸다. 물소리만이 조용히 들렸다. 한스는 차츰 낚시질에 흥미를 잃었다. 약간 피곤했다. 어차피 점심때는 고기가 잘 잡히지 않는다. 이때쯤이면 큰 고기들도 햇볕을 쬐느라 물 위로 올라와 아무 이유 없이 놀라기 때문에 이 시간에는 낚시질을 할 수 없다.

(Unterem Rad, 1903)

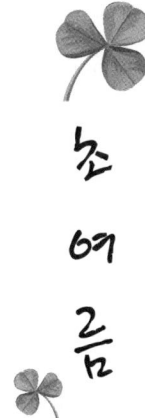

초여름

내가 일어났을 때 날씨는 다시 좋아져 있었다. 부드러운 동풍이 짙푸른 호수에 은빛 물결을 일으켰으며, 왕관처럼 활짝 핀 배꽃이 담청색 하늘 아래 환하게 웃으며 자태를 뽐내고 있었다. 샘물 곁에 있는 물통과 거의 말라버린 길가의 작은 물웅덩이에 연한 청색이 반사되어 비쳤다. 내 방의 창문 맞은편에 있는 성당에서는 관리인이 5월의 기도회를 위해 준비하고 있었다. 외양간을 개조하여 확장하고자 하는 이웃집의 방바닥에는 흰색의 전나무 대들보가 이미 상당히 따뜻해진 햇빛을 받아 화려하게 빛나고 향기를 발산하고 있었다.

나는 아직 내 보트를 겨울처럼 지붕 밑의 헛간에 방치한 채 점검하지도 않고 칠도 새로 하지 않아 다시 사용할 준비를 하지 못했다는 생각이 났다. 이미 여러 차례에 걸쳐 나는 바다에서 뱃놀이를 하기 좋은 아름다운 날 나의 게으름을 뉘우친 적이 있었다. 그러나 그런 때가 지나면 다시 게으른 나의 천성 때문에 그리고 날씨를 믿을 수 없다는 핑계를 대면서 보트 수리하는 일을 다음 기회로 미루곤 했다. 그것은 정말 부끄러운 일이었다. 내 작은 보트가 여전히 헛간에 먼지를 뒤집어쓰고 있는 것을 본 나의 이웃사람들은 비웃기 시작했으며 나를 측은하게 바라보았다. 그런 생각이 떠올랐을 때가 가장 좋은 때였다. 나는 그 일을 오늘 하기로 결심했다.

페인트는 이미 준비되어 있었다. 나는 페인트를 기름에 섞어 젓기만 하면 되었다. 코를 찌르는 냄새가 온 집안에 진동했다. 커다란 앞치마를 두르고 보트와 노를 깨끗이 닦은 다음 칠하기 시작했다. 부드러운 유성페인트를 듬뿍 묻힌 무겁고 넓은 붓을 판자 위에 문지르는 일이었다면 일하기가 수월했을 것이다. 수탉이 울면서 지나갔고, 두 마리의 강아지가 서로 싸우다 페인트 통을 엎지를 뻔했다. 아이들이 몰려와 내가 일하는 것을 구경했다. 이웃 사람들이 건너와 웃으면서 "드디어 시작했습니까?"라고 탄성을 질렀다.

대체로 사람들은 최신형 스포츠보트를 관공서의 가구들처럼 연한 갈색이나 노란색으로 칠한다. 그러나 내 보트는 더 아름답게 보여야 한다. 그래서 나는 그 보트를 예스럽고 전통적이며 강렬한 녹색과 진홍색으로 칠했으며 노와 부속품들도 그렇게 했다. 노의 넓적한 부분은 빨간색이거나 완전히 흰색이어야 한다. 다른 어떤 색도 바닷물의 푸른색이나 녹색과 빨간색이나 흰색처럼 그렇게 잘 조화되지는 않을 것이기 때문이다.

네 시간, 다섯 시간동안 열심히 색칠을 하고 기름칠을 했다. 오늘은 그것으로 충분하다는 생각이 들었다. 며칠 더 수고하면 모든 것이 완성될 것이고 그러면 우리는 그 보트를 암소 두 마리와 함께 자동차에 싣고 해변으로 갈 것이다. 암소의 뿔은 꽃으로 장식될 것이다. 그런 다음 나는 올해의 첫 번째 뱃놀이를 혼자 조용히 즐길 것이다. 매년 그렇듯이 말할 수 없이 멋지고 가슴 벅찬 추억의 날이 될 것이다.

내게 있어서 진정한 여름은 세 가지가 필수적이다. 작열하는 태양 아래서 곡식이 익어 누렇게 된 들판, 높고 시원하고 말없는 숲 그리고 노를 저어 뱃놀이를 즐기는 것이다. 뱃놀이를 생각하면 떠오르는 것이 있다. 호수와 산 위에 눈부시게 푸른 하늘이 펼쳐져 있고, 작열하는 태양의 열기 때문에 대기가 아지랑이처럼 하늘거리고, 태양의 열기 때문에 보트의 목재부분은 말라 부서질 듯이 바삭거리는 소리를 낸다. 그리고 여름에는 팬티만 입고 햇빛을 가리는 넓은 모자를 쓰고 눈부시게 반짝이는 바다를 시원하게 달리는 것이 제격이며, 목욕을 하거나 녹음이 우거진 해변의 숲에서 늘어지게 쉬는 것이 제격이다. 뱃놀이 하는 날을 생각하면 하늘에는 구름이 잔뜩 끼고 시원한 바람이 부는 날 오랜 시간동안 하얀 은빛 파도를 가르며 배를 달리던 것이 떠오른다. 그리고 검푸르게 넘실대는 바다에서 숨차게 고기를 잡다 갑자기 산에서 불어 닥친 폭풍우 때문에 황급히 피하던 일도 생각난다. 검푸른 호수위에 파도가 일어 번쩍거리는 거품덩이가 기습적으로 밀려왔다. 돌풍이 몰아쳐 물보라가 일었다. 격렬한 번개가 무더운 공기를 가르자 자지러질 듯 놀랐다.

그 모든 일이 지금 다시 일어날 것이다. 여름, 태양이 이글거리는 들판, 시원한 숲, 갈대가 우거진 해변에서의 부드러운 저녁노을, 찬란한 정오의 푸른 바다를 가로지르는 질주 그리고 가슴을 쓸어내리게 하는 사나운 번개. 사람들은 흔히 봄이 가장 아름다운 계절이라고 말한다. 그러나 봄이 가장 아름다운 이유는 사람들로 하여금 설레는 마음으로 여름을 기다리게 하기 때문이다. 여름이 와서 온 대지가 푸르러지고 태양과 대지가 사랑과 경쟁으로 점점 가까워지면, 더위가 무르익고 소나기가 거칠어지며 낮이 더욱 밝아지고 밤이 더욱 푸르러지면 부드럽고 그리움에 사무치는 봄은 곧 잊혀진다. 여름이 말할 수 없이 풍성하고 화려한 희고 붉은 밤나무 꽃이 양초를 꽂아놓은 듯이 만발한다. 여름에는 향기롭고 자극적인 자스민 향이 코를 마비시킨다. 여름에는 곡식이 휘어진다. 여름에는 곡식이 익어 황금 들판을 이루어 풍성한 열매를 맺는다. 여름에는 습하고 울창한 숲에 각양각색의 식물들이 무성하게 자란다. 도처에서 불타는 듯하고 야성적이고 도취된 생명의 열기가 진동한다. 여름, 무더운 여름은 짧기 때문이다. 들판이 황금빛으로 물들고 곡식이 영글자마자 낫을 들고 추수할 계절이 오기 때문이다.

이 모든 것이 지금 다시 일어날 것이다. 연록의 언덕에는 뻐꾸기 울음소리가 그치지 않고 목초는 자라 벨 때가 다가온다. 싱싱한 클로버가 무성하게 자라고 씨앗을 뿌린 들판에는 녹색의 새싹이 움튼다. 숲 언저리에는 흰색의 봄꽃들이 넓은 잎 아래 활짝 피어나며, 밭고랑에는 노란색 유채꽃이 핀다.

어른이 아이가 되고 삶이 다시 놀라움이 되는 계절이다. 매일 예상치 않은 새로운 일이 일어나고, 작은 풀밭에 난 길마다 놀라움과 동화가 있기 때문이다. 계절의 여왕인 여름이 다가온다. 곡식이 익어가고 천둥과 번개가 치는 밤의 계절이 다가온다. 나는 아직까지 들어보지 못한 것을 다시 한 번 경험하고 홍수와 거품을 일으키며 흐르는 장관을 다시 한 번 구경할 준비가 되어있다. 성급한 농부가 낫을 들고 곡식을 추수하기 전에 나는 한날한시도 게으르게 보내지 않고 여름을 즐기고 싶다.

(1905)

아름다운 오늘

내일 – 내일은 어떻게 될 것인가?
슬픔, 근심, 작은 기쁨
무거운 머리, 쏟아부은 포도주 –
너는 살아야 한다. 아름다운 오늘!

시간이 빠르게 흘러
영원한 윤무를 바꾸더라도
가득 찬 이 잔은
변함없이 나의 것이다.

나의 흐트러진 젊은 불꽃은
오늘 높이 타오른다.
죽음이여, 지금 너는 나의 손을 잡는다.
네가 감히 나를 강요하려는가?

● 헤세가 수채화로 그린 멀헨불백의 집

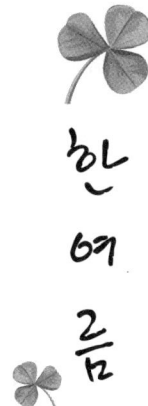

한여름

나는 조용히 녹슨 쇠밧줄을 고목나무 둥치에서 풀어 보트를 물에 밀어 넣고 보트 뒤에 쪼그리고 앉아 호숫가를 떠난다. 호수는 저 멀리 거울처럼 반짝이고 푸르고 흰색으로 빛난다. 작열하는 정오의 뜨거운 햇살이 내리쬔다. 호수 저편 물에는 푸르고 찬란히 빛나는 하늘에 눈처럼 흰 여름 구름이 비친다.

호숫가에 늘어선 키가 큰 포플러 나무들과 넓게 퍼져 축 늘어진 수양버들을 뒤로 하고 노를 저어 나간다. 호숫가의 풍경이 멀어지면서 뭍에서 하던 나의 일과 기쁨, 고통과 염려도 함께 멀어진다. 집에는 모든 것이 내가 놓아둔 그대로 있다. 내가 답장을 해야 할 편지들이 있고, 계산해야 할 고지서들이 있고, 초대장들이 있고, 막 시작한 일들이 있고, 읽다가 그냥 펼쳐놓은 책들이 있다. 점차 호수 안으로 노를 저어 감에 따라 이 모든 것들이 지금 내게는 무의미하고 어리석고 불필요한 것처럼 보인다. 그 모든 것들은 나와 상관이 없고 더 이상 이해하지 못하는 낡아빠진 세상에 속하는 것처럼 생각된다. 석탄가게 아저씨가 지난 겨울에 사용한 석탄값을 받으러 올 것이다. 출판사에서는 새 책을 써달라고 할 것이다. 출판사는 책을 쓰는 것이 여름을 즐기는 방법이라고 생각하는가 보다. 어떤 친구는 이곳의 주거환경과 세율을 알려달라고 한다. 그 모든 것은 하찮고 우스운 일이 아닌가? 머리 위에는 엄청나게 넓은 푸른 하늘이 펼쳐져 있다. 구름은 태고의 거룩한 원무를 추며 흘러간다. 말없는 산은 변함없이 웅장하게 서 있다. 복잡한 인간이 하는 일들과 염려들은 우습고 시시한 것들이 아닌가! 아니, 그런 시시한 것들은 결코 존재하지도 않는다. 모든 하찮은 것이 사라지듯이 그런 시시한 것들은 사라졌다. 그런 것들은 전설이 되었으며, 꿈이 되었으며, 아득한 과거가 되었다.

까마득한 과거! 알렉산더 대제와 페르시아 왕 다리오는 오늘 아침과 어제 저녁처럼 나에게서 멀지 않으며 기이하고 불가사의한 사람들이 아니다. 나는 그때 무엇을 했는가? 그때 무엇을 했는지 더 이상 알지 못한다. 아마도 편지를 쓰거나 책을 읽고 있었을 것이다. 왜 편지를 쓰고 책을 읽었는가? 그럴 수밖에 없었는가? 그것이 좋았는가? 그것은 불필요하고 해롭지 않았는가? 나는 모르겠다. 그러나 나는 지금 바로 이 시간에 정오의 태양이 내 팔과 얼굴을 검게 그을리고 있으며, 넓은 수면에는 한 번도 보지 못한 다양한 색깔들이 반짝이며 정열적으로 반사되고 있으며, 태양이 작열하는 저 창공으로부터 하나님이 나를 내려다보고 있으며, 언덕과 산, 호수와 호숫가, 모든 마을들과 수도원들, 많은 재산을 가지고 자기 만족에 빠져있는 어리석은 인간을 관찰하고 있다는 것을 안다. 그리고 나는 이 시간 보고 체험하고 행하는 모든 것은 아름답고 필연적이며 귀중하다는 것을 안다.

지금 나는 하나님을 직접 내 눈으로 보고 있다. 대지의 정신과 창공의 정신, 호수와 끝없이 펼쳐진 산맥이 지금 나와 이야기하고 있다. 지금 이 순간 나는 결코 혼자가 아니며, 사사로운 일에 사로잡혀 걱정하고 있는 사람이 아니며, 홀로 떨어져 두려움에 떠는 존재가 아니라 아무런 사사로운 생각도 바람도 염려도 없이 더 크고 풍요로운 삶에 몸을 맡긴 채 대기와 물, 구름과 파도를 구경하는 대지의 아들일 뿐이다.

어느새 나는 호수 한 가운데 도달했다. 떠나온 호숫가의 마을과 교회가 까마득하게 떨어져 작게 보인다. 호숫가의 수풀을 스치듯 지나간다. 조금 전까지만 해도 가장 높이 창공에 우뚝 솟아있던 높은 언덕 너머로 훨씬 더 높은 산들이 솟아있는 것이 보인다. 검고 부드러운 고래등 같은 산도 있고 깎아지른 듯 가파른 바위산도 있다. 내 보트 주위로 잔잔한 수면이 반짝인다. 잠시 후 옷을 벗고 시원한 물속으로 뛰어들어 유리처럼 맑은 물속에서 이리저리 헤엄을 친다. 허리를 구부리기도 하고 돌기도 하고 갑자기 물장구를 치기도 하였다. 연한 녹색으로 난간을 칠한 흰색의 보트는 조용히 물 위에 떠다닌다. 햇빛을 받은 보트의 옆구리가 헤엄치는 새처럼 물에 비친다.

나는 이 작은 멋진 배를 얼마나 아끼는지 모른다. 그 배는 내가 가지고 있는 모든 것 중에서 집과 방에서 멀리 떨어져 있고 일상사들로부터 멀리 떨어져 밖에 살면서 한 조각의 자연처럼, 나무나 동물처럼 나를 지켜주는 유일한 것이다. 아마도 그 보트는 내가 소유한 모든 것들 중에서 아름답고 순수하며 사랑스런 추억만 간직하고 있는 유일한 것이리라. 물론 내 보트는 이미 가엾고 피로에 지쳐 있었다. 그러나 내 보트는 결코 짜증을 내거나 화를 내지 않았으며 불쾌해 하거나 조급해 하지도 않았고 노여워하지도 않았다. 수없이 타고 다니는 동안 내 보트에 정이 들었고 신뢰하게 되었다. 나는 보트의 능력을 알며 장점들과 단점들을 잘 안다. 보트를 수없이 타고 다니는 동안 나는 말할 수없는 기쁨과 만족감을 가졌다. 나는 보트를 소중하게 생각하여 타르를 칠했으며, 비가 온 다음에는 배에 고인 물을 퍼내어 햇빛에 잘 말렸고, 아름다운 색으로 칠을 하여 언제나 해변의 안전한 장소에 매어 두었다.

보트는 호숫가에서 즐겁고 우아하게 수영을 하며 내가 오기를 기다린다. 나는 그 보트로 돌아가 물기에 젖은 활기찬 모습으로 뱃전을 넘어 보트에 오른다. 나는 노를 거두어들인 후 길게 바닥에 눕는다. 여름의 뜨거운 햇살아래 옷을 훌렁 벗고 누워있으면 아무것도 부러울 것이 없다. 잔디밭에 눕거나 호숫가의 모래밭에 눕거나 옥상에 눕는 것도 좋다. 그러나 넓은 호수에 보트를 띄우고 그 보트에 누워있는 것보다 더 좋을 수는 없다. 보트는 넓은 호수에 떠 있는 아늑한 방처럼 태양의 온기를 받아 보존하기 때문이다. 그러면 태양의 열기에 피부가 검게 그을린다. 너무 뜨거우면 얼른 일어나 물속에 뛰어들어 깊고 맑은 물속으로 잠수한다. 피부가 아직 희고 옷을 입고 있는 것에 익숙해 있는 초여름에는 피부가 그을려 빨갛게 되고 껍질이 벗겨지기 때문에 약간 힘들기도 하다. 그러나 곧 피부가 갈색으로 그을려 햇빛에 익숙해지는 시간이 오며, 몸이 즐거워지고 동물처럼 활력이 넘치고 태양과 물, 공기에 익숙해지는 시간이 온다. 그렇게 햇빛 아래서 즐기는 시간에 다른 때 느끼지 못하는 독특한 흥분을 느끼며 환상적인 꿈에 사로잡힌다. 모든 문학작품들이 그렇듯이 그런 흥분과 환상적인 꿈은 아주 먼 옛날에 대한 추억이며 창조와 태고시대에 대한 추억이며 '수면에 운행하시는 하나님'에 대한 추억이다.

산들바람이 나를 깨운다. 호수 위에 가늘고 부드러운 잔물결이 끝없이 일어난다. 산 위의 구름이 서로 뭉쳐 조용하지만 급하게 하늘로 솟아올라 검은색으로 변하여 금방이라도 소나기가 쏟아질 것 같다. 곧 천둥이 치고 바람이 불 것이다. 아마도 폭풍이 몰려올 것 같다. 여름 날씨는 어떻게 변할지 아무도 모른다. 나는 급히 옷을 걸치고 노를 꺼내 보트를 저어 집으로 향했다. 호수의 잔물결이 큰 물결로 변했지만 아직 그렇게 거칠지 않고 부드럽게 노를 저어 가는데 큰 어려움은 없다. 내 보트는 빠르게 물결을 뚫고 나간다. 비가 쏟아져 호숫가의 물이 파도처럼 거칠어지기 전에 선착장에 도착했다.

집으로 돌아오자, 책과 편지들이 책상 위에 펼쳐진 채 있는 것을 발견했다. 나는 마지못해 일하기 시작해 십오 분 만에 얼른 그 귀찮은 일을 해치웠다. 이런 바보 같은 일들을 왜 해야 하는지 아직도 알 수가 없다. 밖에는 천둥과 번개가 치며 요란하게 폭우가 쏟아진다. 마을의 오솔길은 누런 흙탕물로 변했으며 지붕은 쏟아지는 빗방울 때문에 흰색으로 반짝거린다. 저 멀리 호수 위에는 번쩍이는 번개와 천둥소리로 장관이 연출되고 있다. 이런 날씨가 되면 나는 어린 아이처럼 신이 난다. 파이프 담배를 물고 긴 장화를 신고 우비를 입은 다음 모자를 눌러쓰고 천둥과 번개가 치는 요란한 날씨에 정처 없이 돌아다닌다.

(1905)

• 1950년 7월 엥가딘에서 산책하면서 손주 에바 그리고 실버와 함께

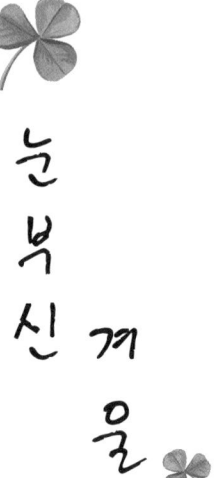

눈부신 겨울

거의 삼박사일동안 쉬지 않고 눈이 내렸다. 솜털처럼 부드럽고 포근한 눈이었다. 지난 밤에 눈이 유리처럼 단단하게 얼어버렸다. 매일 문 앞을 쓸고 종가래로 눈을 치우지 않은 사람은 완전히 고립되었으며 현관으로 나가고 지하실 문을 열기 위해서는 곡괭이로 굴을 파듯이 눈을 치워야 했다. 마을의 많은 사람들이 그랬다. 그들은 투덜대며 집 앞을 치웠다. 그들은 긴 장화를 신고 벙어리장갑을 끼고 목도리와 귀마개를 했다. 낙천적인 사람들은 추위가 오기 전에 엄청난 눈이 와 월동작물들을 덮어 보호해 주었다고 기뻐했다. 그러나 어디서나 마찬가지로 여기서도 낙천적인 사람들은 극소수에 불과했다. 대다수의 사람들은 겨울의 혹독한 추위에 대해 볼멘소리로 불평했으며 그 피해를 계산하기에 여념이 없었으며 과거의 비슷한 사례들을 서로 이야기했다. 그러나 이런 환상적인 날에 대해 염려하고 불평하지 않고 오히려 기뻐하고 하나님의 축복이라고 생각하는 사람들은 마을 전체에 두세 명도 되지 않았다. 사람들은 가능하면 집에 들어앉아 있었다. 외출해야 하는 사람은 두꺼운 방한복으로 몸과 마음을 둘러쌌다. 그런 사람은 주물로 만든 열판이 뜨겁게 달구어진 난롯가로 다시 돌아가려는 마음밖에는 없다. 그렇지만 도시에 사는 사람들은 아무리 아름다운 그림을 보아도 그런 날을 상상할 수 없을 것이다. 그런 날은 한여름의 화사한 날보다 훨씬 더 환희에 차고 푸르고 눈부신 날이었다. 맑고 푸른 하늘이 끝없이 펼쳐져 있었고, 숲은 두꺼운 눈에 덮여 잠자는 듯 했다. 번개처럼 희게 빛나는 산이 있는가 하면, 붉게 물든 산도 있었고 동화처럼 푸르고 긴 그림자를 드리운 산도 있었다. 그 가운데 아직 얼지 않은 유리처럼 푸른 호수가 있었다. 그 호수는 가까운 곳은 거울처럼 밝고 먼 곳은 짙푸르고 검게 보였다. 호수 주위는 온통 눈에 덮여 햇빛에 반짝이는데 검은 것이라고는 나뭇잎이 모두 떨어진 포플러 나무들이 길게 늘어서 떨고 있을 뿐이었다. 끝없이 펼쳐진 창공에서 눈부신 햇살이 쏟아졌다. 햇살은 온통 흰 눈으로 덮인 언덕과 초원, 바위에 반사되어 더욱 찬란하게 빛났다. 햇살은 끝없이 몰려오는 파도처럼 흰 대지 위에서 번쩍거렸으며, 숲과 저 먼 곳의 산 주위에 금빛 노을을 만들며 작렬하고 있었으며, 대기 중에 다이아몬드 색과 무지개 색으로 아주 미세하게 흔들리며 반짝거렸으며, 누런 갈대숲과 호수 저편의 푸른 만에서 만족하여 기분 좋게 쉬고 있었다. 햇살이 눈에 반사되어 모든 그늘은 부드럽고 푸르스름 하게 희어 마치 그늘이 지지 않은 것처럼 보였다. 마치 오늘 이 찬란하게 빛나는 날에는 보기 흉한 모든 얼룩이 성스럽게 변하기라고 해야 하는 것처럼 말이다. 그런 날에는 밤이 오지 않을 것 같다. 결국 어둠이 내리겠지만 차갑게 빛나는 광채가 서서히 사라져 가며 피곤하여 쉴 곳을 찾아가는 광경을 바라보는 것은 황홀한 경험이다. 이런 날에는 달이 뜨지 않는 밤도 아주 어둡지는 않겠지만 말이다. 그렇기 때문에 눈이 오는 날은 아주 길다. 밝은 겨울하늘과 엄청난 빛은 우리를 어린 아이처럼 들뜨게 만들기 때문이다. 우리는 다시 한 번 대지가 창조의 광채에 싸여 있음을 보며 어린 아이처럼 시간 가는 줄 모르고 그냥 감탄하면서 근심 걱정 없이 태평한 시간을 보낸다. 오늘 저녁 긴 산행에서 돌아오면서 이미 어두워진 숲을 떠날 때 마을이 붉은 노을에 잠기는 것을 보고 나는 그런 추억을 떠올렸다. 나는 눈이 내려 차갑고 탁 트인 산 정상에 올라가 거기서 구릉들과 숲들, 논밭들과 바다 그리고 멀리 흰 눈에 덮인 알프스를 바라보았으며 적막하고 푸르른 겨울 숲을 이리저리 돌아다녔다. 그곳에는 눈의 무게에 눌려 힘겨워하는 나무

줄기들이 쉬어 가는 한숨소리 이외에는 아무 소리도 들리지 않았다. 수풀 속에서는 조심스럽지만 대담한 붉은 여우가 나를 힐끗거리고 보았으며 갈대숲에서는 검은색 야생오리들이 그랬다. 나는 한 시간 이상 딱따구리를 쫓아다니다 언덕배기에서 얼어 죽은 작은 새 한 마리를 발견했다. 붉은 소나무들 사이를 돌아다니다 넓고 환한 봉우리에 눈이 덮여있는 것을 보았다. 나는 겨울 바지를 벗어 넓게 펴고 그 위에 앉아 썰매를 타듯이 미끄러져 내려왔다. 하루 종일 아무도 만나지 못했다.

　이미 주위가 상당히 어두워졌을 때 피곤하지만 즐거운 기분으로 집으로 돌아왔다. 다리가 아프고 배도 상당히 고팠지만 기분은 좋았다. 오늘은 맑고 기분이 좋아 잊을 수 없는 날이었다. 수많은 다른 날들보다 오늘 하루가 더 좋은 날이었다. 주위에 어둠이 깔린 저녁 때 눈이 덮여 희미하게 밝은 시골길에서 어떤 작은 사람이 내 앞에 가고 있었다. 나는 그를 앞질러 가려고 했다. 백 보 정도 떨어진 곳까지 쫓아갔을 때 어린 아이는 그의 아버지가 쓰는 커다란 양털 모자를 머리에 쓰고 손에는 빈 양동이를 들고 가는 것을 보았다. 그가 누구인지 알 수 있는 거리가 되었을 때 그의 노래를 들을 수 있었다. 아이가 무슨 노래를 하는지 알려고 했지만 소용이 없었다. 날씨가 너무 추워 그 아이가 나보다 더 빨리 달려가 단지 몇 개의 음을 들을 수 있었을 뿐이기 때문이다. 그에게 더 가까이 가 눈치 채지 못하게 뒤에 섰다.

아이는 왼손을 주머니에 깊이 찔러 넣고 달리다 때로는 얼어붙은 길에 발이 걸려 비틀거리기도 했다. 그러나 노래를 그치지는 않았다. 우리가 마을에 거의 다 올 때까지 이삼십 분 이상 노래를 계속했다. 아이는 이미 어두워진 첫 번째 골목으로 사라졌다. 지금도 아이가 부르던 노래가 도대체 무슨 노래였는지 궁금하다. 그 노래는 오늘 부른 저녁노래 같기도 했고 아득히 먼 어린 시절 부르던 노래 같기도 했다. 아이는 분명한 가사를 노래한 것이 아니라 단지 콧노래로 흥얼거렸을 뿐이다. 아이가 부른 노래의 멜로디는 언제나 동일하였는데 가끔 변하기도 했다. 나도 그 노래를 따라 흥얼거릴 수 있을 정도로 익숙한 멜로디였다. 그러나 나는 그 노래를 알 수 없었다. 아마도 잊혀진 어린 시절의 멜로디였을지도 모른다. 그러나 나는 그렇게 생각하지 않는다. 그렇게 좋은 날에 듣는 노래와 보는 사물들은 이전에 들은 적이 없고 본 적이 없다 할지라도 자주 듣고 보았으며 예전부터 알고 있는 것처럼 느껴진다.

(1905)

● 헤세가 그린 4월의 캄바뇰리 〈설산〉

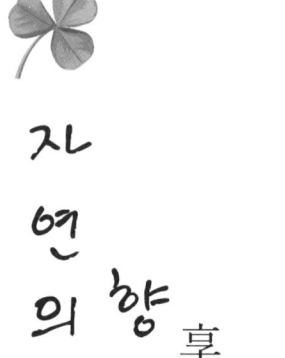

자연의 향유 享有

　　오늘날처럼 세련되고 거짓이 일반화되어 있는 시대에 예술가들, 특히 소설가들은 도시인들에게 엄청난 영향력을 끼친다. 예를 들어, 오늘날에는 자연경관을 '화가의 관점에서' 바라보는 것이 유행이며 당연시되고 있다. 피서객들이나 여행객들은 시시각각으로 변화는 구름을 보고 그들이 어떤 그림들이나 자수들에서 본 백합꽃이나 회색빛을 떠올리며 즐거워한다. 그들은 눈부시게 푸르른 하늘과 물기에 젖은 갈색의 논과 밭을 배경으로 형성된 소나무 숲 언저리의 암녹색 풍광을 놀라운 눈으로 바라본다. 조금 더 세련된 사람들이라면 자연에서 발견되는 색조의 단계에 관해 논쟁을 하기도 한다.

하늘이 더 밝은 색조를 띠는지 아니면 태양에 반사된 집의 벽면이 더 밝은 색조를 띠는지 직접 실험해 보고자 한다. 그들은 이렇게 함으로써 자연을 본질적이고 철저하게 파악하고 즐길 수 있다고 믿는다. 그들은 장마와 가뭄, 더위나 추위에만 관심을 가지는 농부들을 비웃는다. 그들은 식물들을 채집하는 식물학자와 버섯을 따는 식도락가를 비웃는다. 그렇지만 그들 자신도 전문가들이나 이해하는 무익한 예술이론을 펼칠 뿐이다. 그들은 자연을 그림의 관점에서 바라보거나 자연을 그림에 모사模寫하는 것처럼 생각한다. 마치 자연이 그림을 위해 존재하기나 하는 것처럼 말이다. 그들은 자신들이 세련되고 우월하다고 생각하지만 농부들보다 더 나은 것이 없다. 농부들은 농사와 관련된 일기예보에 관심이 있기에 도시 사람들이 보지 못하는 많은 것을 본다. 도시인들은 응용미학을 중요하게 생각하기에 농부들이 느끼지 못하는 많은 것을 본다. 그러나 무한히 다양한 사물들을 단편적으로 바라보며 일정한 틀에 맞추고자 한다는 점에 있어서 양측 모두 소박하기는 마찬가지이다. 그들은 서로를 비웃고 교만하며 이기주의자들의 정신적 편협성을 가지고 있다. 비오는 날 자기 감자밭만 생각하는 사람은 이기주의자이다. 마찬가지로 호수나 숲을 바라보면서 미학적 논쟁을 일삼으며 스스로 만족하거나 다른 사람들에게 자신을 드러내고자 하는 사람도 이기주의자이다.

 시각적인 문제에 있어서 분명 우리는 미술가들에게서 많은 것을 배울 수 있다. 미술가들은 목적을 위해 그들의 양식에 따라 볼 수 있는 당연한 권리를 가진다. 그러나 미술가가 아닌 일반인들이 자연경관을 그림의 대상으로 간주하거나 하나의 회화처럼 보는 것은 전적으로 잘못된 일이다. 미술가가 아닌 사람들이 자연을 '화가의 관점에서' 바라보는 것은 단지 자연을 대하는 하나의 유형일 뿐이다. 그런 태도는 농부와 사냥꾼, 전투지휘관이나 지질학자가 자연을 바라보는 관점보다 더 고상한 것은 아니다. 뿐만 아니라 시인이 자연을 바라보는 방식도 결코 더 높이 평가되어서는 안 된다. 자연을 바라보는 그의 관점이 단지 시각적인 것과 언어적 표현을 선택하는데 머물러 있다면 말이다.

그런 방식으로 자연을 보는 사람은 언제나 자연을 비판한다. 그는 자연을 이용해 어떤 목적에 도달하고자 한다. 그 목적이 실용적이건 미학적이건 아니면 학문적이건 간에 말이다. 그러나 그런 태도는 보다 높은 관점에서 보면 잘못된 것이고 보잘것없는 것이다. 우리는 자연을 효용성과 실용성의 관점에서 뿐만 아니라 미학적으로도 생각해야 한다. 마찬가지로 단지 미학적인 관점에서 볼 뿐만 아니라 미美와 추醜를 초월하는 설명 불가능한 것으로 보아야 한다. 우리는 추구하는 것이 아니라 발견해야 한다. 자연을 판단하는 것이 아니라 그것을 바라보고 파악해야 하며 함께 숨을 쉬어야 하고 그렇게 수용된 것을 소화해야 한다. 숲과 가을 목초지와 빙하와 추수할 들판을 온몸으로 느껴 생명력과 정신, 의미와 가치가 가슴속에 약동하도록 해야 한다. 자연과 함께 걸으면 가슴속에 있는 최고의 것이 깨어나 우주 전체와의 일치감을 느끼게 된다. 그것은 스포츠도 아니고 욕망도 아니다. 우리는 결코 이기적 욕심을 가지고 산, 호수, 하늘을 관찰하고 평가해서도 안 된다. 전체의 부분들이고 하나의 이데아의 현상들인 그것들 사이에서 때묻지 않은 감각을 가지고 움직이고 느껴야 한다. 사람마다 자기의 고유한 능력을 가지고 그렇게 해야 하며, 그만의 고유한 교육적 역량에 따라 어떤 사람은 예술가로, 어떤 사람은 자연과학자로, 어떤 사람은 철학자로 그렇게 해야 한다.

우리는 자신의 본질이 전체와 결합되어 있으며 전체의 한 부분임을 느껴야 한다. 그럴 때 비로소 우리는 자연과 진정한 관계를 맺을 수 있게 된다.

따라서 '미술의 관점에서' 자연을 바라보고 즐기는 것은 이미 단편적이고 빈약하기 짝이 없다. 그런 태도는 단지 시각적인 것에만 의존하기 때문이다. 그러나 전체에 대한 가장 강렬하고 가장 특별한 느낌이나 자유에 대한 느낌은 결코 시각적인 것이 아닐 경우가 허다하다. 어떤 특별한 시간과 특별한 장소에서는 귀뚜라미소리, 새소리, 파도소리, 바람소리를 들을 때 눈으로 볼 수 있는 어떤 것에서도 느끼지 못하는 감동을 느끼는 경우가 있다. 어떤 때는 후각이 가장 강한 인상을 남기는 경우도 있다. 보리수 꽃향기, 건초냄새, 금방 쟁기

질한 논에서 나는 냄새, 바닷물과 타르, 미역의 짠 냄새를 맡을 때의 느낌이 그렇다. 그리고 마지막으로 가장 강력한 자연의 느낌은 아마도 말초신경에서 느끼는 느낌일 것이다. 무더위, 공중전기, 기온, 딱딱함이나 부드러움 같은 질감, 대기 중의 습도 등과 같은 것들이 그렇다.

아주 신경이 무딘 사람들이 때때로 느끼는 강력한 인상들은 아마도 시를 짓는데 가장 중요한 역할을 할 것이다. (뫼리케, 슈티프터, 슈토름의 경우가 그렇다.) 그러나 시도 그렇고 회화도 이런 인상들의 다양성과 통일성을 완전히 표현할 수는 없다. 심지어는 개개의 인상들을 표현할 적절한 방도가 없는 경우도 있다. 예를 들어, 아무리 세련된 언어를 사용해도 우리가 맡은 냄새를 정확하게 표현할 수 없는 경우가 그렇다.

어떤 사람들은 '자연'이 우리에게 아무것도 주지 않으며 자연과 우리는 아무런 관계도 없다고 말한다. 바로 그런 사람들이 봄날의 따뜻한 햇볕을 즐기며, 여름의 햇볕 아래 일광욕을 즐기고, 무더울 때 잠을 즐기고, 겨울바람이 불 때는 신선함을 즐긴다. 그것은 이미 자연의 혜택이며 자연과의 관계이다. 단지 그것을 의식하지 못할 뿐이다. 인간은 이미 충분히 자연을 즐기고 있는 것이다. 자연을 즐긴다는 것은 아무런 부담 없이 편안하게 사는 것을 의미하는 것이 아니라 오히려 의식적으로 자연과 함께 사는 것이며 자연과 연합하는 것을 의미하기 때문이다. 일단 자연을 이런 방식으로 즐기는 단계에 도달하게 되면 경치와 날씨의 '아름다움'은 중요하지 않다. 그런 아름다움은 존재하는 것이 사실이긴 하지만 시각적 인상들로부터 추상된 아름다움에 불과하기 때문이다. 시각적 인상들만이 아름다움의 척도는 아니기 때문이다. 자연은 어디서나 아름답다. 그렇다면 도대체 여행을 하고 산책을 할 필요가 없단 말인가? 우리가 언제나 건전하고 완전한 사람이라면 여행을 할 필요가 없다. 그러나 그렇지 않기 때문에 여행은 우리에게 언제나 많은 것을 제공해 준다. 신체적으로는 장소와 공간의 변화에서 오는 건강상의 효과와 감각적 신선함이 그것이며, 정신적으로는 다른 것과의 비교에서 얻게 되는 자극과 다른 곳에 적응하는 성취감이 그것이다. 사람마다 가장 기분 좋게 느끼는 풍경은 다를 것이다. 많은 사람들은 순전히 신체적인 이유 때문에 바다와 알프스의 고원지대, 저지대에 가는 것을 꺼려할 수 있다. 그러나 무엇보다 불쌍한 사람은 어디를 가나 낯설게 느끼고 지독한 정신적 부담을 느끼는 사람이다. 그런 사람은 여행자가 갖추어야 할 외부 환경에 대한 재빠른 적응력이 결여되어 있을 뿐만 아니라 무엇보다 좀 더 높은 차원의 사고방식이 결여되어 있는 사람이다. 낯선 환경에 적응하지 못하고 그곳을 친근하게 느끼지 못하며 잠깐 들렀던 지역에 다시 한 번 가고 싶은 향수를 느낄 수 없는 사람은 내면 가장 깊은 곳에 무엇인가 결여되어 있는 사람이다. 그런 사람은 요람과 가정의 틀을 벗어나 다른 사람들을 이해할 수 없고 다른 사람들과 관계를 맺을 수 없으며 서로 사랑할 수 없다. 고차원적 사고방식의 소유자는 자신의 가족과 친지들뿐만 아니라 모든 사람들의 삶과 자연을 사랑하는 사람이다. 그러나 미워하는 감정을 가지는 것이 사랑하지 않음을 의미하는 것은 결코 아니다. 미워하는 감정은 상대방을 잘 알고 관심을 가지기 때문에 생긴다. 미워하는 감정은 무관심에서는 발생하지 않는다. 내가 혐오하는 것은 내가 사랑하는 것에 못지않게 나를 위해 존재하는 것이다. 그러나 내가 알지 못하고 알고 싶어 하지 않는 것, 나에게 아무래도 좋은 것, 나와 아무런 관계도 없는 것, 나를 부르지 않는 것은 나를 위해 존재하는 것이 아니다. 이와 같이 나를 위해 존재하는 것이 적을수록 나는 그만큼 더 낮은 단계에서 외로울 수밖에 없다.

어떤 하나의 관점에서만 자연을 바라보고자 하는 것은 이와 같이 스스로 가난해지는 것이며 자연에 대한 향유를 포기하는 것이다. 그리고 우리의 일상적 삶에서 다양성이 점점 더 어려워지고 찾아보기 힘들어지는 것은 슬픈 일이다. 훌륭한 많은 화가들은 단지 그림을 그리는 기술자에 불과하기 때문에 아무런 양심의 가책도 없이 추한 집을 짓는다. 훌륭한 많은 건축가들은 건축 전문가들이기 때문에 아름다운 자기 집 주위에 저속한 정원을 꾸미기에 바쁘다. 밖에 나가 산책을 할 수 있는 아주 귀중한 시간이 주어졌음에도 불구하고 나가서 자연과 하나가 되어 큰 사람이 되는 대신 작은 관점들에 사로잡혀 이해관계에만 관심을 가지고 있다면 슬픈 일이 아닌가? 숲은 화가의 소유도 아니고 산지기의 소유도 아니다. 구름은 기상대의 소유도 아니고 비행기 조종사의 소유도 아니다. 모든 사람은 자연을 취할 수 있는 권리를 가진다. 자연과 교류하기 위해서 아무도 전문가를 찾을 필요가 없다. 우리는 화가와 시인으로부터 배울 수 있듯이 농부와 산지기로부터도 배울 수 있다. 모든 사람에게는 태양과 대지의 잊혀진 형제관계가 잠자고 있다. 그 사람이 아무리 단편적 사고를 가졌다 할지라도 말이다. 그 형제관계를 깨닫는 것이 중요하다. 그런 형제관계를 깨달은 사람은 시인과 화가, 산지기를 비웃는다. 그는 자신의 감각과 영혼을 활짝 열고 창조의 숨을 들이쉰다.

산책과 소풍, 여행과 여름휴가에서 우리는 그런 깨달음에 도달할 수 있다. 그것은 건강보다 중요하며 미학보다 중요하다. 우리는 일상의 삶에서 단편적으로 살고 일하며 사고하는데 익숙해져 있다. 그러나 우리는 자연 앞에서 자유로운 전체이다. 자연 앞에서 모든 감각기관들과 모든 영혼의 힘은 동시에 그리고 동일한 권리를 가지고 작용하고 일해야 한다. 아무도 자기가 원하는 시간에만 그렇게 할 수는 없다. 모든 사람은 쇠사슬을 끌고 따라가야 한다. 그러나 우리가 모든 목적으로부터 자유롭게 되어 우주 전체와의 합일을 빈번하고 강렬하게 느끼면 느낄수록 그 쇠사슬은 그만큼 느슨해질 것이며 태양,

숲, 바다, 산맥, 폭풍과 서리, 새와 야생동물은 그들의 생명을 우리에게 그만큼 더 많이 제공해 줄 것이다. 우리가 관계하지 않는 사물들의 범위는 그만큼 더 좁아질 것이다. 그렇게 될 때 비로소 우리는 성장할 수 있으며 우리의 삶은 의미와 가치를 가질 수 있다.

(1908)

• 헤세가 그린 수채화

아프리카를
바라보며

고향이 있다는 것은 좋은 일이다.
자기 집에서 아이들과 함께
잠을 자는 것은 행복이다.
그대는 마지막 여행에서 돌아와 거의 쉬지도 못했는데
미지의 세계가 다시 그대를 유혹하는구나.
향수를 달래며 그리워하는 것이 더 낫다.
까마득한 별빛 아래 외로이
고향을 그리워하는 것이 더 낫다.
심장이 침착하게 고동치는 사람만이

가질 수 있고 쉴 수 있다.
언제나 허물어지는 희망을 안고
방랑자는 고난과 여행의 짐을 견딘다.
모든 여행의 고통은 확실히 더 가볍다.
고향의 골짜기에서 평화로이 지내는 것보다 더 가볍다.
기쁨과 염려가 교차되는 일상의 삶 속에서
지혜자만이 행복을 쌓을 줄 안다.
나는 집 근처에서 맴돌며 편안한 것보다
추구하지만 발견하지 못하는 것이 더 낫다.
아무리 행복해도 나는 이 세상에서
단지 나그네일 뿐 결코 시민이 될 수 없다.

비행기구를 타고

몇 년 전 처음으로 '프랑크푸르트 국제 비행기 전시회'*(ILA(International Luftfahrt Ausstellung, Frankfurt am Main 1909)에서 몇 명의 발명가들이 비행시범 하는 것을 보았을 때 나는 비행기술이 조금 더 진보하면 반드시 비행기를 타보리라고 굳게 결심했다. 2년 후 체펠린의 비행선을 타고 처음으로 공중에 올라갔을 때 나는 고공의 아찔한 현기증, 환상적인 전망, 새로운 각도에서 바라보는 자연경관을 잘 즐겼다. 그러나 그런 경험은 나의 비행욕구를 더욱 부채질하였다. 그때부터 나의 간절한 소망은 다시 한 번 비행기구를 타고 날아보는 것이었다. 그러나 나는 시골 마을에 거주하였으며 대도시에 오는 것은 겨울에 한 번 뿐이었다. 친구들은 그런 나를 보고 비웃었다. 그렇게 비행기구를 타는 것은 목숨을 건 자살행위 같은 스포츠라고 설명했다. 그런 스포츠에는 기껏해야 은퇴한 자동차 경주자와 탈선한 도박꾼이나 관여할 것이라는 것이다. 어느 정도 사회적 지위에 있는 사람으로 의무감을 가지고 가정을 거느린 사람은 어떤 경우라도 '맹목적으로' 그런 마귀의 장난감을 신뢰해서는 안 된다는 것이다.

● 보덴 호수 위를 나는 비행기구

이런 충고에도 불구하고 비행기구를 타고 행복을 느끼고자 하는 나의 열망은 조금도 줄어들지 않았다. 비록 그들의 충고를 거스를 수는 없었지만 말이다. 나는 스위스와 이탈리아 사이의 알프스 언덕에서 있었던 비행기록에 관한 보도를 읽었다. 파리와 뒤벤도르프에서 온 기사를 읽었으며, 이탈리아 비행사들에 관한 기사를 읽었다. 매주 신문에 보도되는 비행기 추락에 관한 기사를 아내에게는 알리지 않았다. 그런 비행사는 얼마나 기분이 좋을까 수없이 상상해 보기도 했다. 대부분의 사람들은 전문적인 투기꾼들로 그들에게 중요한 것은 단지 바람의 역학관계, 엔진의 성능, 엔진의 회전 횟수와 비행기의 가격뿐이었다. 그러나 그들 중 많은 사람들은 시인이 금방 동질감을 느끼거나 의형제를 맺을 수 있는 진정한 모험가들이었다. 그들에게는 우리를 산책과 여행으로 유혹하며 가만히 앉아 있을 수 없게 만드는 위대한 열망이 있었다. 그 열망은 어떤 것에 의해서도 식지 않는 열망이다. 그 열망은 충족될수록 더욱 깊어지고 갈급해지는 열망이다. 이런 유형의 많은 비행사들에게 있어서 이런 열망은 분명 은밀한 추진력이자 유혹이기도 했다. 백 미터 높은 곳에서 아래도 떨어지거나 땅 위를 스치듯 비행하는 사람들, 공중에서 산화되거나 물에 추락하여 죽은 사람들은 매일의 빵을 위해 가련하고 용감한 싸움에 몰두하는 일벌레들과 비교할 수 없는 사람들이다. 그들은 위대한 열망의 노예로 최후를 장식하여 빙하의 동굴들에 뼈를 묻은 사람들의 대열에 속하는 사람들이었다. 그들은 아프리카의 들판에, 남극이나 먼 바다에서 죽은 사람들의 대열에 속하는 사람들이었다. 라탐의 죽음에 관한 기사를 보고 그런 생각을 더욱 확고히 했다. 나는 라탐이 프랑크푸르트에서 비행하는 것을 본 적이 있었다. 그는 운하에 추락한 적이 있었고 결국은 열대의 밀림지대에서 사냥을 하다 최후를 마쳤다.

세월이 흘렀지만 비행기구를 타고 날고 싶은 나의 바람은 변하지 않았다. 나는 비행기를 타고 날아본 경험이 있는 기자들에 관해 가볍고 재미있게 써 놓은 기사를 두 차례나 입수했다. 나는 그 기사를 열심히 읽었지만 특별한 아무것도 발견하지 못했다. 그 기자들은 비행기구에 관해 정통한 지식을 가지고 있었기 때문에 이제 겨우 초보 단계에 있던 나로서는 그들이 써놓은 글을 이해할 수 없었다. 그들은 엔진의 힘과 회전수를 셀 줄 알았으며 그들을 태우고 운전한 조종사의 이력과 비행기의 엔진을 제작한 회사를 알고 있었다. 그들은 우리 시대의 자랑 즉 오랜 인류의 꿈과 블레리오*를 통한 그 꿈의 성취에 관해 설명할 줄 알았다. 그러나 그 기자들의 기사에는 비행하는 것 자체에 관한 이야기는 거의 없거나 전혀 없었다. 그 기사에는 사람들이 이미 알고 있었거나 아니면 적어도 그 기자들이 미리 알고 있던 사실들만 소개되어 있었다. 기자들은 비행 자체에 관해서는 거의 관심이 없었음이 분명하다. 그 기사는 "자랑스럽고 고무적인 느낌"을 보도했다. 그 표현은 초석을 놓는 사건과 기념일을 연상시켰다. "아주 안전하고 조금도 불안하거나 어지러움을 느끼지 않았다."는 내용

---

* 블레리오(Louis Bleriot: 1872~1936)는 프랑스의 항공기술자이자 비행사로 가벼운 기체의 부력이 아니라 기관을 이용한 비행기를 타고 세계 최초로 대양(大洋)횡단에 성공했다. 그는 자동차 전등과 부속품을 발명하여 약간의 재산을 모았으며 일찍부터 비행술에 관심을 가졌다. 처음에는 센강에서 견인식 글라이더로 실험을 했지만 그뒤 가벼운 기관을 이용할 수 있게 되면서 상자연(箱子鳶 : 상자 모양의 연) 복엽기뿐만 아니라 꼬리날개 모양의 작은 날개가 앞에 부착된 단엽기까지 다양한 형태의 항공기를 개발했다. 1909년 7월 25일 28마력의 기관을 장착한 단엽기인 '블레리오 XI기'를 몰고 칼레에서 도버까지 영국해협을 횡단했다.

도 있었다. 다시 말하면, 뮌헨에서 님펜부르그까지 산책하는 것과 같았다는 것이다. 기사의 내용처럼 기사를 쓴 사람들이 실제로 개인적 체험이 아니라 일반적인 문화적 관점에 입각해 있었거나 아니면 비행에 관한 자신의 느낌을 표현하기가 아주 어려웠을 것이다. 지금 생각해 보면 후자의 생각이 옳았던 것 같다.

본론으로 돌아가자. 나는 어제 비행기를 타고 날았다. 베른으로 가는 비행기들이 왔다. 어느 날 아침 나는 지붕 위에서 어떤 물체가 윙윙거리는 소리를 들었다. 멋진 단엽비행기가 자랑스럽고 우아하게 내 머리 위로 날아갔다. 심장이 고동쳤다. 다음 날 나는 그 비행기를 같이 탔다. 내 생애 최초의 비행경험에서 느낌을 설명해 보겠다. "인류의 오랜 숙원의 성취", "물질에 대한 지성의 승리" 같은 이야기들은 누구나 알고 있는 것이기에 문화와 기술 같은 모든 것은 생략하고 단지 내가 직접 체험한 것만 기록하도록 하겠다. 이렇게 하는 것은 내가 탔던 비행기구에 관한 나의 무식의 소치이기도 하다. 나는 비행기를 제작한 회사의 이름도 모르고 엔진의 힘이 얼마나 되는지도 모르며 적재량이 얼마나 되는지도 모른다. 내가 드디어 비행기를 탔다는 사실 이외에는 아무것도 아는 것이 없다. 나는 정말 맹목적으로 비행기를 탔으며 그로 인해 엄청난 기쁨을 느꼈다.

따뜻하고 화창한 봄날 오후 세 시경 한 무리의 검은 사람들이 몰려와 원을 그리며 서 있는 비행장에 내가 나타났다. 이 무리들 한가운데 내가 타고 갈 비행기가 우뚝 서 있는 것을 보았다. "멀미를 하지 않아야 할 텐데!"라고 생각했다. 나는 사람들이 많이 몰려 있는 것을 견디기 힘들어하기 때문이다.

녹색 안경을 쓰고 노란색 여행 가방을 들고 비행기를 향해 갔다. 사람들 어깨에 손을 얹어 그들을 가볍게 옆으로 밀치며 엄숙한 표정을 짓고 그들 사이를 통과해 갔다. 기대 이상으로 좋았다. 가장 곤란한 난관을 극복한 것이다. 비행기 옆에 서서 조종사에게 인사를 한 후 시가에 불을 붙였다. 프랑스인 비행기 제작기술자가 엔진에 관해 설명하고자 했다. 고맙다는 목례를 했다. 기계를 더 자세히 관찰해 보아야겠다는 생각을 했다. 새처럼 생긴 비행기의 몸통 맨 앞에는 나무를 깎아 만든 프로펠러가 있었고 그 뒤에는 엔진과 연료탱크가 있었으며 그 뒤에는 내가 앉을 자리가 있었다. 내 의자 뒤로는 비행기의 몸통이 갑자기 가늘어지며 꼬리에 달리 방향타로 이어졌다. 비행기 전체가 마치 장난감처럼 앙증맞았다. 그러나 그것이 두 사람을 싣고 공중으로 날 것이라니 놀라웠다. 나는 생각했다. "이제 중요한 것은 엔진이다. 그러나 다행스럽게 나는 엔진에 관해 아는 것이 없다. 곧 출발하면 좋을 텐데."

그때 조종사가 출발 준비를 하라고 내게 신호를 보냈다. 얼른 노란색 손가방을 열고 스키 탈 때 쓰는 모자, 한 쌍의 장갑, 목도리 등의 물건들을 꺼냈다. 기분 좋게 모자를 쓰고 턱 아래 끈으로 묶어 고

정시켰을 때 프랑스인 기술자가 친절하게 웃으며 모자를 그렇게 쓰면 안 된다고 말했다. 모자의 창이 뒤쪽으로 향하도록 거꾸로 써야지 그렇지 않으면 모자가 날려가 버린다는 것이다. 주변에 모인 사람들이 웃으며 내가 어떻게 비행복장을 마치는지 흥미롭게 쳐다보았다. 마지막으로 조종사가 외투와 안경을 더 주었다. 털모자 안에서 땀이 났다. 내 모습이 마치 끈으로 칭칭 동여매어진 것 같이 보이자 사람들이 다시 한바탕 웃었다. 사진기가 우리를 향했다. 누군가 나에게 소리쳤다. 이제 코만 묶으면 더 이상 묶을 데가 없을 것이라고.

드디어 조종사가 탔다. 비행기는 정말 장난감이었다. 갈색 장화를 신은 육중한 비행사가 가느다란 나무 막대 위에 거칠게 올라섰지만 막대는 부러지지 않고 그 무게를 견뎌냈다. 내 무게도 견디었다. 우리가 의자에 앉자 주변에 모였던 사람들이 약간 뒤로 물러났다. 공기가 더 좋아졌다. 제기랄! 장갑을 놓고 왔다. 그러나 이제 더 이상 비행을 지체시키고 싶지 않았다.

엔진이 돌기 시작했다. 우리 눈앞에서는 프로펠러가 요란한 소리를 내며 현란하게 돌고 뒤에서는 커다란 새가 꼬리에서 연기를 내뿜었다. 사람들이 놀라 소리치며 양쪽으로 피했다. 비행기가 부드럽게 잔디 위를 달리는데 갑자기 모자가 다시 팽팽해지는 것을 느꼈다. 드디어 날게 된다. 이제 곧 날게 될 것이다. 심장이 그렇게 소리쳤다.

그때 잔디가 사라지고 우리는 비스듬히 공중으로 높이 날아올랐다. 말할 수 없이 기분이 좋고 편안했다. 우리가 날고 있다. 그런데 이상한 것은 비행기를 타기 전에는 더 흥분될 것이라고 생각했었는데 막상 타니까 그렇지 않다.

아니, 금방 한 말을 취소하는 것이 좋겠다. 사실은 굉장히 스릴이 있었다. 이륙한 지 얼마나 됐을까 생각할 때 조종사가 몸을 굽혔고 나는 의자 등받이에 깊숙이 박혔다. 비행기가 갑자기 높이 솟구쳤기 때문이다. 기류가 요란한 소리를 내며 귓가를 스치는 동안 한동안 그대로 있다 갑자기 다시 한 번 도약했다.

나는 프로펠러가 돌아가는 것을 힐끗 쳐다보았다. 저 빈약한 것이 변덕을 부린다면 우리는 끝장이다. 나는 순간 그런 생각을 했다. 그러나 잠시 그렇게 생각했을 뿐 곧 그런 생각을 완전히 잊어 버렸다. 우연히 옆으로 눈을 돌려 땅을 내려다보았기 때문이다. 거기서 나는 처음으로 우리가 아주 높은 곳에 올라왔다는 것을 알았다. 엔진이 윙윙거리며 돌았고 바람이 휙휙 소리를 내며 지나갔다. 내 손은 얼었고 귀는 차가워졌다. 내 옆에 있는 가는 나무막대 너머로 베른 시내를 보았다. 굽이쳐 흐르는 아르강과 공장들, 군사 시설들과 경마장들, 시가지들이 성냥갑처럼 작게 흩어져 있다. 이렇게 작게 보이는 도시의 모습과 장난감 같은 인간의 모습을 보고 전에 체펠린 비행기구를 타고 즐거워할 때의 장면이 생각났다.

그러나 그때의 추억은 좀 다른 것이었다. 그때는 특별석에 앉았을 때처럼 편안한 마음으로 경치를 즐겼다. 그러나 지금 내가 보는 도시와 들판, 아주 작고 평면처럼 된 세계의 모습은 단지 비행하는 과정에서 부산물로 우연히 주어진 것일 뿐이다. 중요한 것은 우리가 비행기를 타고 날았다는 것이다. 우리는 점점 더 높이 날아 올라가다 순간적으로 갑자기 곤두박질치기도 하였다. 의자가 떨어지고 배가 쑥 들어갔다. 그러다가 갑자기 솟구쳐 올랐다. 다시 불시에 곤두박질쳤다.

나는 경치를 볼 겨를이 없었다. 혼비백산하여 어린 아이처럼 앉아 있었다. 나는 아주 어린 아이이며 완전한 모험가이다. 나는 고립된 존재의 감격적인 포도주를 마신다. 지나간 모든 것에 대한 무관심과 경멸의 잔을 마신다. 나는 용이며 구름이며, 프로메테우스이며 이카루스이다.

오, 하나님, 이게 어찌된 일입니까? 내가 그렇게 경멸했던 세계, 초라하고 아주 작게 분할되어 내 발 아래 놓인 이 재미있는 세상에 저렇게 크고 저렇게 현실적이고 저렇게 고상하게 서 있는 것은 무엇인가? 세상 끝에, 모든 헛된 군상들 뒤에 놀랍고도 위대한 산들이 서 있다. 거대하고 높은 무시무시한 뿔이 저 앞에 서 있는 것을 보았다.

우리 비행기는 한참을 곤두박질쳤다. 나의 위장은 이제 익숙해졌다. 몇 분 비행하는 동안 이미 적응한 것이다. 이제는 그런 비행도 전혀 무섭지 않고 간지러울 뿐이다. 산이 아득히 먼 곳으로 사라졌다. 맞은편에서 불어오는 강한 바람을 피하려고 왼쪽으로 비스듬하게 선회하였다. 날개 저편으로 쥐라 산맥이 아득히 보이고 아래쪽에는 아르강과 잘 정돈된 숲, 가옥들이 보인다. 선회가 끝날 무렵 갑자기 도시 전체가 잠시 보였다. 아르 강굽이에 있는 바위 위에 누워있는 것처럼 보였다.

　언제 다시 비행기로 알프스를 넘고 바다를 건너겠는가? 지금 실컷 비행을 즐기자. 아무것도 보이지 않고 단지 추측과 느낌이 있을 뿐이다. 내 앞에 펼쳐진 다른 세계가 황홀하기도 하고 두렵기도 하여 어지러울 지경이다. 아주 천천히 정신을 가다듬을 수 있었다. 비행기에서 본 세계는 장엄하다고 할 정도였다. 산, 사막, 바다는 정말 대단했다. 이런 대자연과 비교할 때 인간이 성취해 놓은 것은 장난에 불과하다는 생각을 했다. 나는 다시 인간을 사랑하기 시작했다. 저 아래서 하찮은 일에 매달려 특별한 살림살이를 하는 사람들, 숲을 가꾸고 세계를 둘로 나누어 철조망을 쳐 놓고 왕래할 수 없게 만들어 놓은 사람들을 사랑하기 시작했다. 나는 떠돌아다니는 구름이 되고 싶지 않다. 바람에 휘날리는 눈송이가 되고 싶지 않다. 둥지를 옮겨 다니는 새가 되고 싶지 않다. 산을 사랑하고 사람을 부끄러워하지 않을 것이다. 나는 사람들 중에서도 가장 약한 사람이기 때문이다. 진심으로 인간의 연약함을 부끄러워하지 않을 것이며 인간임을 자랑스럽게 생각할 것이다. 나와 조종사와 블레리오와 라탐을 공중에 뜨게 만든 것은 엔진의 마력이나 기술의 정확한 계산이 아니라 저 위대한 열망이었다. 그것은 연약함으로부터 태어난 도전정신이며 타이탄의 유산이다. 그것이 우리를 날 수 있게 만들었다. 그러나 비행기를 타고 날았다는 것으로 열망이 만족된 것은 아니다. 그 열망의 활이 더 팽팽해졌을 뿐이다. 욕망의 원이 더 커졌으며, 가슴은 더욱 도전적으로 불타올랐다.

내 머리에는 꿈, 생각의 단편들, 위대한 음악의 단편들로 가득 차 있었다. 그때 나의 온 신경을 통해 전달해 오는 말로 표현할 수 없고 긴장되고 놀랍고 믿을 수 없는 느낌이 나를 깨웠다. 비행기의 엔진이 조용해졌다. 비행기가 높은 곳에 잠시 멈추어 섰다 갑자기 기울어졌다. 이제 가장 놀라운 일이 일어날 것이다. 엔진이 꺼진 자동차가 언덕을 굴러 내리듯이, 스키선수가 산비탈을 활강하듯이 비행기가 조심스럽고 재빠르게 하강하고 있었다. 집의 지붕과 거리와 굴뚝이 우리 앞으로 마주 달려오는 듯했다. 착륙 목표지점인 작은 잔디밭이 점점 더 크게 보이기 시작했다. 그 잔디밭은 비행장이고 거기서 포도송이처럼 까맣게 우글거리는 희미한 덩어리는 사람들의 무리였다. 그 사람들 가운데로 떨어지는구나! 비행기가 검은 무리를 향하여 질주하듯이 거꾸로 떨어진다. 사람들의 모습이 이미 분명히 보이기 시작했다. 그들은 이미 우리와 아주 가까이 있었다. 여자들은 소리를 질렀고, 아이를 돌보는 하녀들은 혼비백산하여 유모차를 들고 도망쳤다. 아이들은 전속력으로 도망치다 넘어지기도 하였다. 그러나 우리는 침착하였다. 비행기가 공중으로 다시 도약하였다. 착륙지점을 찾으면서 비행장 주위를 다시 한 바퀴 돌았다. 드디어 지평선이 가라앉고 땅이 불쑥 올라왔다. 사람들이 안도의 한숨을 쉬었다. 사람들이 다시 우리 비행기에서 물러나자 길이 생겼다. 비행기에서 내렸다.

"아직 아니야! 아직 아니야!" 그렇게 소리치며 애원하고 싶었다. 바퀴가 이미 땅에 닿았고 의자에 그 충격이 전달되어 왔다. 수많은 사람들이 소리를 지르며 비행기로 몰려왔다. 아주 미안한 마음을 가지고 땅에 내렸다. 안경과 모자, 외투를 벗고 조종사에게 악수한 후 거기 몰려선 많은 사람들을 뚫고 황급히 그곳을 빠져 나왔다. 모험에 대한 열망과 먼 곳에 대한 동경이 강하게 새로 일어났다.

(1912)

● 베른 비행장에서 비행

비행기를 타다

희박한 대기를 가로지르는 황홀감
격렬한 환희에 지친 가슴
그렇게 우리는 미지의 세계에서
논과 밭, 강과 도시 위를 높이 난다.

대지는 아득히 멀어지고 가라앉아
작은 점으로 사라지고,
숨 가쁜 날갯짓으로
우리는 아득히 먼 행복을 정복한다.

가까이 있는 모든 것은 가라앉았다.
세상은 아스라이 멀어지고
끝을 알 수 없는 외로움에 놀라고 은밀히 도취하여 …
우리는 도망하고 있다.

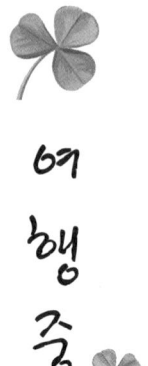

여행 중

다시 한 번 깊이 생각해 보았다. 우리로 하여금 여행하지 않을 수 없게 만드는 것은 무엇일까? 우리는 왜 해마다 그렇게 멀리 차를 타고 이곳저곳으로 떠나는가? 왜 그렇게 다양한 시대의 건물들과 그림들 앞에 서서 감상하기도 하고 기뻐하기도 하는가? 왜 그렇게 호기심을 가지고 흡족해 하며 우리와 아무 상관도 없는 낯선 민족들의 삶을 관찰하는가? 왜 기차 안에서 낯선 사람들과 수다를 떨고 낯선 도시의 교통망을 홀로 유심히 살피는가?

한때 나는 그것이 일종의 학구열 때문이라고 생각한 적이 있었다. 그때 나는 고대 이탈리아 교회들의 벽에 그려진 프레스코 벽화들에 대해 노트에 가득 기록했으며, 밥값을 아껴 모아둔 돈으로 필름을 사 옛 조각들을 사진으로 찍었다. 다음에는 그런 식의 여행이 시들해지자 가난한 나라들을 여행하는 것이 더 좋아졌다. 가난한 나라들의 풍경과 낯선 국민성에 관심을 가지게 되었다. 당시 알 수 없는 여행 욕구는 일종의 모험심이었던 것처럼 보인다. 그렇지만 엄밀하게 말해, 사람들이 여행하면서 경험하는 것들은 결코 모험이 아니다. 여행 가방을 잃어버리고 외투를 도난당하고 방에 뱀이 기어 다니고 침대에 모기가 들끓는 것을 모험이라고 생각한다면 몰라도 말이다. 그것은 진정한 의미의 모험이 아니다. 요즈음 나는 여행하면서 무엇인가 알고 싶은 욕구는 조금도 없다. 여행책자와 노트도 들지 않고 아무런 목적도 없이 이탈리아의 옛 도시들을 이리저리 돌아다닌다. 성당들에도 관심이 없고 아름다운 그림들을 수집하는데도 관심이 없지만 그런 것들에서 발견하는 것은 이전보다 더 강하고 섬세하게 즐긴다. 그리고 여행의 모험성에 대한 믿음도 사라졌지만 십오 년이나 십 년 또는 오 년 전 보다 자주 그리고 더 많은 충동과 욕구를 가지고 여행을 떠난다.

우리 국민들은 미학적 동기를 가지고 여행하는 사람들은 거의 없고 단지 여행한다는 사실에만 만족하는 것처럼 보인다. 화려했던 옛 시대의 그리스인과 로마인, 이탈리아인 들은 그런 예술적 동기를 가지고 있었다. 요즈음 일본에서 그런 동기를 발견할 수 있다. 그곳에서는 지혜롭지만 결코 유치하지는 않은 사람들이 성숙하고 정통한 미학적 감각을 가지고 나무판과 나무, 바위와 정원, 한 송이의 꽃을 관찰할 줄 안다. 우리에게는 그런 미적 감각이 거의 계발되지 못한 것처럼 보인다. 순수한 직관과 목적, 욕심에 이끌리지 않는 관찰과 감각 기관들의 순수한 작용은 우리들 가운데 섬세한 미학적 감각을 소유한 사람들이 깊이 동경하는 파라다이스이다. 우리는 여행할 때 그런 파라다이스를 가장 순수하게 찾을 수 있다. 미학적 재능을 가진 사람들이야 마음만 먹으면 언제나 그런 파라다이스에 살 수 있겠지만 우리 같이 둔한 사람들은 최소한 모든 일상에서 벗어나 여행하는 시간에나 그런 파라다이스를 느낄 수 있다. 그때는 일상의 어떤 염려에도 사로잡히지 않을 수 있고 아무런 우편물도 받지 않아도 되고 어떤 업무로부터도 자유로울 수 있기 때문이다. 이런 여행 분위기에서 평소에는 거의 할 수 없었던 일들을 할 수 있다. 몇 개의 훌륭한 그림들을 감상하며 조용하고 아무 목적의식 없이 감상하는 시간들을 보낼 수 있으며, 웅장한 건축물들의 조화에 넋을 잃고 쳐다볼 수 있으며, 자연경관을 마음껏 즐길 수 있다. 그때 비로소 평소에 우리의 의욕과 우리들이 맺고 있는 관계들, 우리가 염려하는 것들에 가려 희미하게 보이던 것이 분명한 형상으로 나타난다. 오솔길과 시장의 삶, 물과 땅 위에서 펼쳐지는 태양과 그늘의 유희, 한 그루 나무의 형태, 한 마리 짐승의 부르짖음과 움직임, 사람들의 걸음걸이와 행동이 그런 것들이다. 그런 목표도 없이 여행을 떠나는 사람은 아무 소득 없이 돌아오며, 기껏해야 그의 지식 보따리를 약간 채워서 돌아올 뿐이다.

그렇지만 모든 주관적 판단을 배제하고 순수하게 관람하려는 미학적 충동 역시 보다 높은 의욕이 아닌가? 그런 충동은 단지 어두운 쾌감을 갈망하는 것에 불과한 것인가? 그런 충동은 소홀하게 취급된 어느 감각기관에 보복하고 경고하는 고통에 불과한 것인가? 도대체 왜 만테그나 *(이탈리아 최고의 천정 벽화 화가(1431~1506))를 보는 것이 한 마리 도마뱀을 보는 것보다 더 많은 것을 주는가? 도대체 왜 지오토 *(이탈이아 최고의 프레스코 화가(1267~1337))의 그림이 그려져 있는 성당에서 지내는 한 시간이 바닷가에서 한가하게 보내는 한 시간보다 더 긴 것인가?

그렇지 않다. 근본적으로 우리가 추구하고 갈망하는 것은 언제나 인간의 본질에 관련된 것이다. 아름다운 산을 보고 내가 즐기는 것은 우연한 자연현상이 아니라 자신을 즐기는 것이며 시각능력을 즐기는 것이다. 어느 아름다운 낯선 지역에서 나는 결코 그 지역의 문화를 따라가는 것이 아니라 그 문화를 느끼고 생각함으로써 문화를 행하고 사랑하고 즐긴다. 따라서 언제나 감사하는 마음으로 기꺼이 예술작품들로 돌아온다. 그리고 훌륭한 건축물, 아름다운 벽화, 훌륭한 음악, 귀중한 그림은 결국 자연의 아름다움을 관찰하는 것보다 더 많은 즐거움과 만족을 보장해 준다. 미학적 충동이 지향하는 것은 결코 우리 자신으로부터 멀어지는 것이 아니라 저급한 본능과 습관들에서 벗어나는 것이다. 미학적 충동은 마음속에 있는 최선의 것이 무엇인가 확인시켜 주며 인간 정신에 대한 우리의 내적 믿음을 확인시켜 준다. 바다에서 쾌적하게 수영을 하고 즐겁게 공놀이를 하고 눈을 밟으며 씩씩하게 산책하는 것이 나의 신체적 자아를 확인시켜 주어, 육체의 최고 욕망과 예감을 만족시켜주듯이, 정신의 활동으로 인간 문화의 위대한 보물은 일반적인 인간성에 대한 우리의 절실한 믿음에 일치한다. 티치아노*(자유분방한 색채를 표현한 이탈리아 화가)의 그림들은, 나의 예감들이 사실이라는 것을 입증해주지 못하고, 미학적 충동이 정당함을 확인해주지 못하고, 내가 가지고 있는 이상들을 충족시켜 주지 못한다면 거기서 느끼는 기쁨이 내게 무슨 의미가 있단 말인가?

그러므로 우리가 낯선 지역을 여행하고 관광하고 체험하는 것은 가장 근본적인 의미에서 인간성의 이상을 추구하기 때문이다. 미켈란젤로의 그림, 모차르트의 음악, 토스카나의 돔이나 그리스의 신전은 그런 이상적인 인간성이 무엇인지 확인시키고 강화시켜 준다. 그리고 우리가 여행하면서 특히 절실하게 경험하는 것은 인간 문화의 의미, 깊은 연대성, 불멸성에 대한 확인과 강화이다. 비록 우리가 그것을 분명히 의식하지는 못한다 할지라도 말이다.

나는 오랫동안 가만히 앉아 깊이 생각해 보았다. 아주 어렸을 때부터 했던 수많은 여행들을 기억하며 생각을 정리해 보았다. 한 가지 사실이 분명해졌다. 아무리 시간이 많이 걸리고 나이가 들고 피곤해지고 약해진다 할지라도 우리로 하여금 여행하지 않을 수 없게 만드는 그 의미는 결코 퇴색되지 않을 것이다. 비록 내가 앞으로 십 년이나 이십 년 안에 오늘과는 다른 견해, 다른 경험, 다른 관점을 가지고 세계를 두루 여행한다 할지라도 그 여행의 동기는 오늘과 동일할 것이다. 여행하는 나라들과 국민들이 아무리 다르다 할지라도 모든 인간의 일관된 의미는 점점 더 분명하게 경험될 것이다.

(1913)

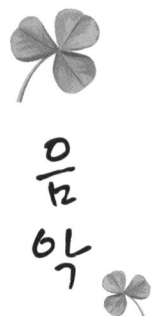

음악

이번에도 콘서트홀 구석에 있는 초라한 의자에 자리를 잡고 앉는다. 나는 그 자리가 마음에 든다. 내 뒤에 아무도 앉아있지 않기 때문이다. 프로그램을 읽으며 달콤한 긴장을 느끼고 있는 동안 조용히 웅성거리는 소리가 들리고 청중으로 가득 찬 홀의 밝은 빛이 부드럽고 기분 좋게 나를 비춘다. 이제 곧 지취자의 지휘봉이 이 기분 좋은 긴장을 최고로 끌어올리고 오케스트라의 강한 소리가 터져 나오면 긴장도 함께 풀릴 것이다. 그 소리가 한여름 밤에 윙윙거리는 벌레들의 소리처럼 높고 자극적일지, 호른 소리로 시작하여 밝고 경쾌할지, 낮은 베이스 소리로 둔하고 답답한 소리를 낼지 알지 못한다. 나는 오늘 연주될 음악에 대해 아는 것이 없다. 그러나 어쨌든 기대감으로 가득 차 있으며, 음악이 대단히 아름다울 것이라고 확신하다. 친구들이 그렇게 말해 주었기 때문이다.

저 앞의 커다란 흰색 무대에는 연주자들이 질서있게 서 있다. 맨 위에는 콘트라베이스 연주자들이 서서 기린의 목처럼 가늘게 흔들거리고 있으며, 첼로 연주자들이 고개를 숙이고 첼로 줄을 조율하고 있다. 조율하는 소리가 거의 끝나고 마지막으로 클라리넷에서 나는 소리가 승리의 나팔소리처럼 날카롭게 들렸다.

드디어 멋진 연주의 순간이 왔다. 지휘자가 길고 검은 연미복을 입고 서 있다. 콘서트홀의 모든 빛이 갑자기 꺼지고 지휘자의 보면대 위에만 신비하게 조명이 비취고 있다. 보이지 않는 곳에서 현란한 조명이 비친다. 우리 모두가 좋아하는 오늘의 지휘자는 젓가락 같은 지휘봉으로 보면대를 때린다. 그는 두 팔을 넓게 벌리고 막 연주를 시작하려고 한다. 그는 고개를 뒤로 젖혔다. 뒤에 앉은 사람도 그의 눈이 지휘관의 눈처럼 빛날 것이라고 생각했다. 그는 양 손을 어깨까지 높이 들었다. 그러자 곧 홀과 세상, 나의 가슴은 짧고 급하고 거품이 이는 것 같은 바이올린의 떨리는 음에 사로잡혔다. 나는 그 음에 매혹되어 청중과 무대, 지휘자와 오케스트라도 눈에 들어오지 않았다. 온 세상이 사라지고 새로운 형태로 다시 창조되는 것 같은 느낌이었다. 그 연주자에게는 유감스러운 일이다. 지금 그는 기대감에 부푼 우리를 위해 작고 초라한 세계를 건축해 줄 것이다. 믿을 수 없고 가상적이며 기만적인 세계를 말이다.

그러나 아니다. 한 사람의 대가가 연주하고 있다. 그는 공허와 혼돈의 바닥으로부터 하나의 커다란 파도를 끌어 올려 넓고 격렬하게 내 던진다. 그 파도가 세상의 심연 위에 위태로운 피난처로 외로이 서 있는 절벽을 거세게 몰아친다. 절벽 위에 한 사람이 외로이 끝없는 바다를 바라보고 서 있다. 요동치는 그의 가슴이 애절한 탄식 소리를 내며 광활한 숲으로 울려 퍼져 나간다. 그 사람 마음속에는 세상의 감각이 숨쉬고 있다. 형태가 없는 무한한 것이 그를 기다리고 있다. 그의 외로운 소리가 아득히 먼 곳을 향하여 묻는다. 그의 물음은 황량한 사막에 형태와 질서, 아름다움을 만들어낸다. 여기 한 사람이 있다. 그는 대가이지만 심연 위에서 떨며 회의에 차 서 있다. 그의 목소리에는 두려움이 들어 있다.

그러나 보라. 세상이 그 대가의 지휘에 따라 소리를 낸다. 멜로디에 의해 새로운 창조가 일어난다. 혼돈이 정돈되며 무한한 공간에 감동의 물결이 넘친다. 예술의 기적이 일어나고 있다. 재창조의 기적이 일어나고 있다. 소리가 외로운 물음에 대답하며, 갈구하는 눈길에 부딪히는 시선들이 빛을 발한다. 황량한 벌판에서 심장이 고동치기 시작하며 사랑의 가능성이 희미하게 밝아온다. 최초의 인간이 그의 젊은 의식의 아침노을에서 은총의 땅을 소유한다. 그의 내면에 자랑스러움과 깊은 환희가 꽃핀다. 그의 소리가 점점 커져 주위를 압도한다. 그 소리가 사랑의 소식을 전한다.

침묵이 흐른다. 제1악장이 끝났다. 그리고 우리는 다시 그의 소리를 듣는다. 그의 존재와 영혼에 사로잡힌다. 창조가 진행되고 있다. 싸움이 일어나고 긴박함이 일어나고 번뇌가 생긴다. 그가 일어나 호소한다. 우리의 가슴이 떨린다. 그가 짝사랑으로 괴로워한다. 그의 사랑이 짝사랑인 것을 알고 무서운 고독을 체험한다. 신음하듯 고통스러운 음악이 흐른다. 절박한 상황에서 호소하듯 호른 소리가 들린다. 첼로가 소리 없이 흐느끼는 소리를 낸다. 많은 악기들의 화음에서 소름끼치는 비통함이 흐른다. 창백하고 절망적인 비통함이. 고통의 밤으로부터 지난 날의 행복을 떠오르게 하는 멜로디들이 외롭고 쓸쓸한 낯선 별자리들처럼 떠 오른다.

그러나 마지막 악장에서는 이전의 우울한 분위기에서 벗어나 찬란한 위로의 선율이 흘러나온다. 오보에 소리가 힘차게 울리다 나지막하게 가라앉는다. 폭풍이 지난 후의 평화와 같으며, 기분 나쁜 우중충함이 걷히고 갑자기 고요하고 밝게 시야가 트인다. 고통이 사라지고 구원의 미소가 번진다. 절망이 어느덧 필연성의 인식으로 승화된다. 이전보다 더 큰 기쁨과 질서가 다시 도래하고 잊었던 감동과 아름다움들이 새로운 방식으로 다시 나타난다. 고통과 환희가 모두 통일되어 위대한 화음으로 고양된다. 하늘이 열리고 축복의 신들이 솟아오르는 인간 동경의 폭풍을 흡족한 모습으로 내려다 본다. 여섯 마디가 연주되는 동안 평온한 세상이 한 동안 계속된다. 만족스런 결말이며 행복하고 완전하다. 음악이 끝났다. 커다란 감동에 사로잡혀 박수를 치면서 그 감동을 식힌다. 몇 분 동안 열렬히 박수를 치면서 비로소 위대하고 아름다운 것을 경험했음을 의식하게 된다.

많은 음악 전문가들은 음악이 연주되는 동안 그 음악을 듣는 사람이 경치와 사람들, 바다와 우레, 계절 등과 같은 장면들을 머리에 그리는 것은 아마추어가 범하는 잘못이라고 말한다. 음악에 문외한이어서 장조와 단조도 제대로 구분하지 못하는 나에게 있어서 그런 장면들을 머리에 그리는 것은 자연스럽고 또 좋은 음악감상 방법이라고 본다. 뿐만 아니라 훌륭한 음악 전문가들도 그런 식으로 음악을 감상하는 것을 보았다. 물론 오늘의 연주회에서 모든 청중들이 다 나처럼 커다란 파도와 외로운 바위섬 등과 같은 것을 보지는 않았을 것이다. 그러나 이 음악을 들으면서 모든 청중들이 하나의 생명이 탄생하여 투쟁과 고통을 당하다 마침내 승리하는 모습을 떠올렸을 것이다. 등산을 좋아하는 사람은 길고 위험한 알프스 여행을 생각했을 것이다. 어떤 철학자는 하나의 의식이 성숙해지는 과정을 떠올렸을 것이다. 경건한 신앙인은 하나님을 떠났다 성숙한 모습으로 하나님께 다시 돌아오는 모습을 연상했을 것이다. 그러나 오늘의 연주를 주의해서 들은 사람은 누구나 어린 아이에서 성인으로 바뀌어 가고 개인의 행복에서 모든 사람들과의 화해로 바뀌어가는 장면의 극적인 반전을 알 수 있었을 것이다.

풍자소설이나 신문의 연재소설에서 보면 베토벤의 교향곡 제3번 「영웅」의 장송행진곡이 연주되는 동안 유가증권을 생각하는 상인과 자기 몸에 지닌 보석을 자랑하기 위해 브람스 연주회에 가는 돈 많은 부인과 같은 사람들을 불쌍하고 가여운 사람들로 묘사하는 장면들이 종종 있다. 그런 사람들이 있음에 틀림없다. 그렇지 않으면 작가들이 그런 사람들을 소설의 소재로 삼지 않았을 것이다.

그러나 그들은 내게 언제나 불가사의한 사람들로 남아있다. 사람들이 사교모임이나 어떤 공식적인 행사에 가듯이 연주회에 갈 수도 있다. 아무 감정도 없이 갈 수도 있고, 이해타산을 따져서 갈 수도 있고, 자기과시를 위해 연주회에 갈 수도 있다. 그러나 나는 그런 것도 이해할 수 있다. 인간적인 모습으로 웃어넘길 수도 있다. 나 자신도 연주회에 갈 날짜를 미리 정할 수 없어서 마음의 준비를 하지 않고 연주회에 간 적이 있다. 피곤하거나 화가 난 상태이거나 몸이 아프거나 근심거리를 가지고 연주회에 간 적도 있다.

그러나 베토벤의 교향곡과 모차르트의 세레나데와 바흐의 칸타타가 연주될 때 무감각하고 영혼의 감동이 없이 들을 수 있는 사람은 없으며, 충격과 흥분을 느끼고 놀라움과 부끄러움, 슬픔과 아픔, 기쁨의 전율을 느끼지 않는 사람은 없다. 나처럼 악기를 이해하지 못하는 사람도 없을 것이다. 나는 악보를 거의 읽을 줄 모른다. 그러나 위대한 음악가들의 작품들에는 인간의 삶에서 가장 고귀한 것이 표현되어 있으며 나와 당신, 모든 사람들에게 가장 중요한 것이 표현되어 있다. 아무리 음악에 문외한인 사람도 그것을 느낄 수 있다. 그것이 바로 음악의 비밀이다. 음악은 단지 우리의 영혼을 요구한다. 음악은 모든 학문과 지성을 뛰어넘어 다양하지만 결국은 언제나 자명한 형태들로 인간의 영혼을 표현한다. 위대한 음악가일수록 그의 직관과 체험을 심오하게 표현한다. 음악의 형식이 완전할수록 우리 영혼에 주는 아름다운 감동은 그만큼 강하다. 음악가는 자기 자신의 고유한 영적인 상태를 가장 강렬하고 날카롭게 표현할 수밖에 없을 수도 있으며, 자기의 경험과는 무관하게 순수한 아름다움을 추구해 나갈 수도 있지만 어느 경우든 우리는 그의 작품을 어렵지 않게 이해할 수 있으며 직접적인 감동을 느낄 수 있을 것이다. 기교는 2차적인 것이다. 베토벤이 어느 마디에서 바이올린 음계를 제대로 배치하지 못했는지 아는 것이나 베를리오즈가 어디에서 호른을 삽입하여 대담한 시도를 하는지 이해하는 것은 훌륭하고 필요한 일이다. 그러나 그런 것은 음악을 감상하고 즐기는데 필수적인 것은 아니다.

심지어 경우에 따라서 음악에 문외한인 사람이 많은 음악가들보다 더 올바르고 정확하게 음악을 이해한다. 비전문가에게는 중요하게 생각되지 않아 특별한 어떤 느낌도 없이 스쳐지나가지만 음악적 지식을 가진 전문가들은 그 기법에 감탄하는 작품들이 적잖이 있다. 문학의 경우도 마찬가지이다. 전문적인 문학가들이 훌륭하다고 평가하는 많은 시작詩作들이 일반인들에게는 아무런 매력도 없는 경우가 많다. 그러나 진정한 대가의 작품치고 전문가들에게만 감동을 주는 작품은 없다. 더 나아가 비전문가들은 훌륭한 작품을 부분적으로 완전하게 연주하지 못할 때도 그 작품을 충분히 즐길 수 있어 행복하다. 전문가는 연주자가 박자를 놓친 것을 탓하고 정확한 박자에 연주를 시작하지 못한 것 때문에 모든 기쁨을 잃어버리지만 아마추어들은 감동의 눈물을 흘리며 영혼이 뒤흔들리고 경고를 받고 정화되고 화해되는 느낌을 받는다.

대신 전문가는 우리 같은 사람들은 느낄 수 없는 것을 느끼는 것도 사실이다. 그렇지만 아주 드물고 독특한 최고의 연주들, 아주 오래되고 비싼 악기들로 구성된 현악4중주, 뛰어난 테너 가수의 감미로운 소리, 특이한 알토 소리의 따뜻함 등은 예민한 귀를 가진 사람이라면 누구나 아무런 사전 지식이 없이도 기본적으로 느낄 수 있다. 함께 느끼는 것은 교육에 의해 이루어지는 것이 아니라 감성의 본질이다. 물론 감각적 경험도 교육될 수 있는 것이긴 하지만 말이다. 지휘자들의 경우도 마찬가지이다. 훌륭한 곡을 지휘할 때 지휘자의 탁월한 기교만으로 그의 지휘능력이 결정되는 것은 아니다. 기교보다 훨씬 더 중요한 것은 그가 가진 영혼의 깊이와 인격의 진지함이다.

음악이 없다면 우리의 삶이 어떠하겠는가! 그 음악이 꼭 콘서트일 필요는 없다. 가볍게 피아노를 치거나 감사한 마음으로 휘파람을 불거나 노래를 하거나 콧노래를 부르거나 단지 인상적인 한 소절의 악보를 희미하게 떠올리는 것만으로 충분할 경우도 많다. 어떤 사람이 나에게서 바흐의 「성가곡」과 모차르트의 「요술피리」, 「요술피리」에 나오는 아리아들을 빼앗고 강제로 기억에서 빼앗아 간다면 그것은 신체의 일부를 잃는 것과 같으며 모든 감각기관을 잃는 것과 같을 것이다. 비록 우리를 도와줄 것이 아무것도 없고 푸른 하늘과 별이 빛나는 밤이 결코 우리를 기쁘게 해주지 못하며, 우리가 시인의 책을 가지고 있지 못한다 할지라도 슈베르트의 가곡과 모차르트의 곡과 미사, 소나타의 선율이 기억의 보고에서 우리에게 떠오르며 - 언제 그것들을 들었는지 기억하지는 못하지만 - 우리를 밝게 비추어 주고 감동시키며 우리의 아픈 상처 위에 사랑의 손을 얹어 준다. ...

아, 음악이 없다면 우리의 삶은 어떨 것인가!

(1915)

● 마울브론의 회랑에 있는 분수

모래에 쓴 글씨

아름다운 것과 매력적인 것은
단지 한 줄기 숨결과 소나기에 불과한 것을
귀하고 황홀한 것도
무상하기는 마찬가지.
구름, 꽃, 비누거품과 같으며
불꽃과 어린이 웃음 같으며
거울을 들여다보는 여인 같다.
많은 다른 놀라운 일들은
속절없이 사라진다.

눈 깜짝할 사이 사라지니
한 줄기 냄새이며 한 줄기 바람인 것을.
사라지는 것을 안타까워하네.
그리고 지속적이고 영원한 것을
우리는 진정으로 귀하게 생각하지 않네.
차가운 불꽃을 가진 보석과
빛나고 무거운 금괴는 귀하게 생각하지만.
헤아릴 수 없이 많은 별들조차
멀리 있어 낯설다.
그것들은 사라져 가는 우리와 같지 않으며
우리 영혼 가장 깊은 곳에 이르지 못하네.
가장 아름다운 것, 가장 사랑스러운 것은
몰락해 가네, 언제나 죽음에 가까이에서.
가장 아름다운 것. 울리자마자 이미 사라지는 음악소리는
단지 물결이며 폭풍이며 사냥이다.

• 칼브 근교의 나골트강

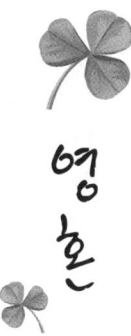

영혼

　욕망에 사로잡힌 시선은 순수하지 못하고 탐욕으로 이글거린다. 우리가 아무것도 욕구하지 않을 때, 우리의 시선이 객관적 관찰이 될 때 비로소 사물의 정신인 아름다움이 드러난다. 내가 하나의 숲을 바라볼 때 그 숲을 구입하려는 의도를 가지거나 경작하려고 한다거나 벌목하고자 한다거나 그곳에서 사냥을 하고자 한다거나 그 숲을 담보로 돈을 빌리려 한다면, 그 숲이 나의 욕망과 나의 계획, 염려와 나의 돈주머니를 어떻게 채워줄 수 있는가에만 관심을 가지게 될 뿐 숲 자체는 보지 못한다. 그렇다면 내 눈에 들어오는 것은 단지 그 숲에 있는 나무와 그 나무들의 수령과 건강상태뿐이다. 그러나 내가 그 숲으로부터 아무것도 원하지 않고 단지 '아무 생각 없이' 그 숲의 푸르른 깊이만 바라본다면 그때 비로소 그 숲은 숲이며 자연과 식물이며 아름다움이다.

사람과 그의 얼굴도 마찬가지이다. 내가 어떤 사람을 볼 때 두려움을 가지거나 희망을 가지거나 탐욕을 가지거나 목적을 가지거나 요구를 가진다면 그는 나에게 더 이상 사람이 아니라 단지 나의 욕망을 반영하는 희미한 거울일 뿐이다. 의식적으로든 무의식적으로든 편협하고 기만적인 물음들을 가지고 그를 보게 된다.

그는 마음이 열려있는 사람인가 아니면 교만한 사람인가? 그가 나를 존중하는가? 그에게서 돈을 빌릴 수 있겠는가? 그는 예술을 좀 이해하는가? 이런 종류의 수많은 물음들을 가지고 우리와 관계하는 대부분의 사람들을 바라본다. 사람을 꿰뚫어보는 눈이 있는 사람들과 심리에 정통한 사람들은 사람들의 옷차림과 외모, 태도를 보고 우리의 목적에 도움이 되는 것이 무엇이며 도움이 되지 않는 것이 무엇인지 구분해 낼 줄 안다. 그러나 이런 식으로 사람을 대하는 것은 딱하고 유감스러운 일이다. 그리고 이런 식으로 사람의 마음을 읽어내는 능력에 있어서는 농부와 행상인, 무능한 변호사가 대다수의 정치가들과 학자들보다 뛰어나다.

욕망이 잠자고 순수한 관찰이 시작되는 순간 모든 것은 달라진다. 사람은 더 이상 유용성이나 중요성에 의해 평가되지 않으며, 재미있는 사람이냐 아니면 지루한 사람이냐에 따라 평가되지도 않으며, 세련된 사람이냐 아니면 미숙한 사람이냐에 따라 평가되지도 않으며, 권력이 있는 사람이냐 아니면 약한 사람이냐에 따라 평가되지도 않는다. 사람은 자연이 된다. 사람은 순수한 시선에 의해 관찰되는 사물처럼 아름답고 개성이 넘치게 된다. 관찰은 탐구나 비평이 아니기 때문이다. 관찰은 사랑이기 때문이다. 관찰은 우리 영혼이 도달할 수 있는 최고의 경지이자 가장 바람직한 경지, 욕심 없는 사랑의 경지이다.

우리가 이런 경지에 이르면 – 경지가 몇 분, 몇 시간 아니면 몇 일 동안이든 – 사람들이 이전과는 다르게 보인다. 그런 경지를 언제나 유지하는 것이야말로 완전한 행복일 것이다. 사람들은 더 이상 욕망의 일그러진 반영이 아니다. 그들은 다시 자연이 되었다. 아름다움과 추함, 늙음과 젊음, 선함과 악함, 개방성과 폐쇄성, 강함과 부드러움 등은 결코 대립적인 개념들이 아니며 사물을 판단하는 척도가 아니다. 그 모든 것들은 아름답고, 저마다의 가치를 가지고 있다. 어느 것도 무시하고 미워하고 오해해서는 안 된다.

욕망에 흔들리지 않는 고요한 관찰의 관점에서 본다면 모든 자연은 영원히 생산하는 불멸적인 생명의 다양한 현상들이다. 마찬가지로 영혼을 드러내는 인간의 특별한 역할과 과제도 그렇다. 영혼이 인간에게만 고유한 어떤 것이냐 하는 논쟁, 영혼이 동물과 식물에는 내재하지 않느냐 하는 논쟁은 불필요한 것이다. 영혼은 어디에나 있으며, 어디에서나 가능하며, 어디서나 준비되어 있으며 예감과 의지가 있는 곳에는 어디에나 있다. 그러나 운동하는 것은 돌이 아니라 동물이라고 생각하듯이 (비록 돌에도 운동과 생명, 생성과 소멸, 흔들림이 있기는 하지만 말이다) 영혼에 관해 말할 때는 특히 인간의 영혼에 한정해서 말한다. 영혼이 가장 확실하게 존재하는 곳, 가장 확실하게 힘들어 하고 활동하는 곳에서 영혼에 관해 말하는 것이 좋기 때문이다. 이 세상의 특별한 영역에서 지금 인간에게 당면한 과제는 영혼을 승화시키는 것이다. 한때는 인간의 과제가 두 발로 걷고 짐승의 가죽을 벗기고 도구를 발명하고 불을 사용하는 것이었지만 말이다.

그러므로 인간이 사는 모든 세상은 영혼이 자기를 실현하는 장場이다. 내가 산과 바위에서 중력의 근원적 힘을 느끼고 동물에게서 운동성과 자유에 대한 추구를 보듯이 사람에게는 (물론 그에게도 중력의 근원적 힘과 운동과 자유의지가 있다) 특별한 생명현상과 표현 가능성이 있다. 우리는 그 생명현상을 '영혼'이라 부른다. 인간의 영혼은 단지 수많은 다른 생명현상들 중 하나가 아니라 특별하게 선택되었으며 고도로 진화된 생명현상이며 진화의 마지막 단계이다. 우리가 영혼을 유물론적으로 생각하든 관념론적으로 생각하든 아니면 어떤 다른 방식으로 생각하든, 그리고 '영혼'을 신적인 것으로 생각하든 아니면 소멸하는 물질로 생각하든 누구나 영혼이 있음을 알며 영혼에 높은 가치를 부여한다. 모든 생명체 중에서 최고의 단계이며 최근의 단계이며 가장 가치 있는 단계는 영혼이 깃든 인간이며 예술이며 영혼이기 때문이다.

그러므로 인간은 가장 고상하고 가장 가치 있는 탐구대상이다. 그러나 너무나도 당연한 이런 가치관을 모든 사람이 다 저절로 가지게 되는 것은 아니다. 나의 경우도 마찬가지이다. 청년시절 나는 인간에 대해서 보다 자연과 예술에 대해 훨씬 더 많은 관심을 가지고 있었다. 그랬다. 나는 일년내내 문학작품만 구상하고 있었는데 그 작품에는 대기와 대지, 물과 나무, 산과 동물만 등장하고 인간은 전혀 고려되지 않았다. 당시 인간은 영혼의 궤도에서 이탈된 상태에 있다고 생각했으며, 욕심에 사로잡혀 있다고 생각했으며, 동물적이고 어리석고 원시적인 목적을 달성하기 위해 뻔뻔하고 야만적이라고 생각했으며, 쓰레기 같은 것들에 욕심을 부린다고 생각했다. 그래서 일시적이긴 하지만 인간은 영혼에 이르는 길의 역할을 상실하고 타락했기 때문에 인간이 아닌 자연에서 영혼에 이르는 길이 추구되어야 한다는 커다란 오류에 사로잡히게 되었다.

현대의 평균적인 사람들은 크게 두 부류로 분류될 수 있다. 그 중 하나는 우발적 사건을 통해서 비로소 자신을 깨닫는 사람들이고, 다른 하나는 도대체 물질적인 어떤 것도 추구하지 않는 사람들이다. 이

두 부류의 사람들이 서로 얼마나 상반되게 행동하는지 관찰해 보면 모든 사람이 피할 수 없는 환경에 의해 그리고 보호막과 방어기제에 의해 얼마나 두껍게 둘러싸여 있는지 알 수 있다. 그들이 완전한 영적 일탈들로 짜인 그물망, 비본질적인 목표들에 지향된 모든 의도, 두려움과 바람으로 짜인 그물망에 의해 얼마나 두껍게 둘러싸여 있는지 아주 분명히 알게 된다. 다른 존재자들과는 달리 인간만이 비본질적인 목표들을 지향한다. 마치 영혼에 관해서는 한 마디도 언급되어서는 안 되며, 오직 영혼을 높은 울타리, 두려움과 수치심의 울타리에 완전히 차단하는 것이 당연시되는 것처럼 보인다. 사심 없는 사랑만이 그물망을 해체할 수 있다. 그물망이 해체된 곳에는 어디서든 영혼이 우리를 주시한다.

 기차를 타고 우연히 한 시간 동안 옆자리에 같이 앉아가는 두 청년들이 서로 인사하는 것을 관찰해 보자. 그들의 인사말은 기가 막혀 거의 비극에 가깝다. 서로 무관심한 이 두 청년들은 까마득히 먼 낯선 곳에 따로 떨어져 서서, 아무도 살지 않는 얼어붙은 북극과 남극에 따로 떨어져 서로 인사하는 것처럼 보인다. (물론 내가 말하는 청년들은 말레이시아 사람들이나 중국 사람들이 아니라 현대 유럽인들이다). 그들은 자기만의 확고한 성, 위험스런 교만과 불신, 냉담의 성에 살고 있는 것처럼 보인다. 그들이 말하는 것을 피상적으로 관찰해 보면 그 대화의 내용은 전혀 무의미한 것이며, 영혼이 깃들지 않은 세계의 화석화된 상형문자처럼 해독할 수 없다. 우리는 끊임없이 그 세계를 극복해 가고 있지만 여전히 그 세계에서 떨어져 나온 얼음조각이 우리에게 남아있다. 아주 드물기는 하지만 일상적인 대화에서도 그들의 영혼이 묻어나오는 사람들도 있다. 그들은 이미 시인의 경지를 넘어서 거의 성자의 경지에 이른 사람들이다. 물론 말레이시아 사람과 흑인도 영혼을 가진다. 그리고 그들의 인사와 호칭에서는 유럽의 일상적인 대화에서보다 영적인 것과 관련된 표현들을 더 많이 발견한다. 아직 소외를 알지 못하고 신을 떠난 기계적인 세계의 고단함을 경험하지 않은 원시인의 영혼은 집단적이고 단순하며 어린이 같은 영혼이다. 그 영혼은 아름답고 사랑스러운 영혼이기는 하지만 우리가 목표로 하는 영혼은 아니다. 기차 안에 있는 두 명의 유럽 청년들은 이미 훨씬 더 진화된 영혼을 가지고 있다. 우리는 그들의 대화에서 영혼과 관련된 것을 거의 또는 전혀 발견하지 못한다. 그들의 대화에는 체계적으로 짜여진 의지와 이성, 목적과 계획만이 들어있을 뿐이다. 그들은 돈과 기계, 불신의 세계에서 그들의 영혼을 잃어버렸다. 그들은 영혼을 다시 찾아야 한다. 영혼을 찾는 과제를 소홀히 하면 그들은 병들어 고통을 당하게 될 것이다. 그러나 그들이 다시 찾아야 할 것은 더 이상 잃어버린 어린이의 영혼이 아니라 훨씬 더 고상하고 훨씬 더 인격적이며 훨씬 자유롭고 책임감 있는 영혼이다. 우리는 어린이의 상태와 원시적인 상태로 돌아가서는 안 된다.

우리는 인격과 책임의식, 자유를 향하여 나아가야 한다.

두 청년들의 대화에서는 아직 이런 목표들이 전혀 느껴지지 않는다. 그들은 원시인도 아니고 그렇다고 성자도 아니다. 그들은 일상의 언어를 말한다. 그런 언어를 통해서는 영혼의 목표들에 도달할 수 없다. 고릴라의 가죽을 손으로 문질러 벗길 수 없듯이 말이다. 이런 원시적이고 미숙하며 얼버무리는 언어는 대체로 다음과 같이 진행된다.

한 사람이 "안녕하세요!"
다른 사람이 "안녕하세요!"
한 사람이 "실례합니다"
다른 사람이 "괜찮습니다"

이 대화에서 두 사람은 그들이 해야 할 말을 다 했다. 그러나 그들의 말에는 아무런 의미가 없다. 그 말들은 사람들이 일상적으로 하는 형식적인 말들이다. 그 말들의 목표와 가치는 흑인들이 코를 뚫어 달고 다니는 코걸이와 마찬가지이다.

그러나 그런 의례적인 말들의 억양을 들어보면 기이하기 짝이 없다. 그 억양은 짧고 간단하고 쌀쌀맞고 말할 수 없이 불쾌하게 들린다. 그들 사이에 싸울 이유는 아무것도 없다. 오히려 정반대이다. 두 사람은 서로에게 나쁜 감정을 가지고 있지 않다. 그러나 표정과 억양은 차갑고 사무적이고 쌀쌀맞고 거의 모욕적이기까지 하다. 금발의 청년은 "괜찮습니다"라고 말하면서 눈썹을 치켜세웠는데 이는 거의 상대방을 경멸한다는 표정이었다. 그는 괜찮다고 생각하지 않았다. 그는 거의 수십 년간에 걸친 기계적인 인간관계에서 자기를 방어하는 형식이 되어버린 겉치레의 인사말을 한 것이다. 그는 자기의 내면, 자기의 영혼을 은폐해야 한다고 생각한 것이다. 그는 영혼이란 자기를 표현하고 자기를 내어줄 때만 더욱 풍성해진다는 사실을 알지 못하는 것이다. 그는 자부심을 가진 사람이다. 그는 교양이 있는 사람이다. 그러나 그의 자부심은 유감스럽게도 위험스런 것이다. 그는 자부심을 유지하기 위해 높은 성을 쌓아야 하며 방어벽과 무관심의 벽으로 자기를 위장해야 한다. 사람들이 그를 억지라도 미소 짓게 만들면 교만은 사라지게 되겠지만 그럴 가능성은 희박하다. 그리고 교양인들 사이에서 오가는 인사말에서 발견되는 이런 철저한 무관심과 신경질적이고 교만하며 위험한 말투는 그런 위장된 인사말을 통하지 않고는 폭력으로부터 자신을 방어할 수 없는 영혼의 필연적인 (그렇기 때문에 희망에 찬) 병이다.

이 영혼은 얼마나 소심하고, 얼마나 연약하며, 얼마나 인생에 대한 자신감이 결여되어 있는가! 이 영혼은 얼마나 자신을 은폐하고 있으며, 얼마나 두려움을 가지는지!

지금 두 사람 중 한 사람이 그가 원하고 그의 마음에 드는 것을 행한다면 그는 다른 사람에게 손을 내밀거나 그의 어깨를 쓰다듬으며 이렇게 말할 것이다.

"아, 참 좋은 아침입니다. 나는 휴가입니다. 내 새 넥타이 멋지죠?! 그렇지 않습니까? 가방에 사과가 있습니다. 하나 드시겠습니까?"

그가 실제로 그렇게 말한다면 다른 사람은 대단히 기뻐하고 감동할 것이며, 우습기도 하고 슬프기도 할 것이다. 왜냐하면 그는 여기서 다른 사람이 실제로 말하고자 하는 것은 사과나 넥타이나 기타 어떤 다른 것이 아니라 바로 그의 의도가 관철되었다는 것을 정확하게 알기 때문이다. 그는 여기서 다른 사람이 말하고자 하는 것은 우리 모두가 암묵적 동의에 의거하여 – 아직 깨어지지는 않았지만 언젠가는 깨어질 암묵적 동의이다 – 자제하고 있는 어떤 것이 폭로되었음을 느낌으로 정확하게 알기 때문이다. 그는 그렇게 느끼지만 그것을 드러내 말하지는 않을 것이다. 그는 기계적인 방어기제를 동원하여 무의미한 간투사들을 연발할 것이다. 그는 약간 불만이 있을 때는 "그래요 ... 흠 ... 좋지요"라고 말할 것이며, 기분이 상하거나 상대방의 말을 더 듣기가 거북할 때는 고개를 돌릴 것이다. 그는 시계줄을 만지작거리거나 창밖을 응시하는 등 딴청을 부려 그가 자기의 내적 기쁨을 표현할 의사가 없으며 이 성가신 젊은이에게 기껏해야 모종의 동정심을 가지고 있을 뿐임을 드러낼 것이다.

그렇지만 이런 모든 것이 실제로 일어나지는 않는다. 머리칼이 검은 사람은 가방에 실제로 사과를 가지고 있다. 그는 좋은 날씨와 휴가에 관해 그리고 넥타이와 노란색 신발에 관해 정말 어린 아이처럼 좋아하고 있다. 그러나 금발의 청년이 이제 "외환시세가 좋지 않습니다"라고 말하기 시작하면 머리칼이 검은 사람은 그의 영혼이 원하는 대로 행하지 않을 것이다. 그는 "아, 그래요? 마음을 편히 가집시다. 지금 외환시세가 무슨 상관입니까?"라고 소리치지 않을 것이다. 그는 근심스런 얼굴로 탄식하며 "그것 참, 걱정이군요!"라고 말할 것이다.

두 사람은 (우리 모두가 그렇듯이) 그렇게 점잖은 태도를 취하고 스스로를 자제하는 것이 아주 자연스러워 보인다. 놀라운 일이다. 그들은 마음으로는 웃으면서도 겉으로는 한탄할 수 있으며, 마음속을 털어놓고 싶지만 겉으로는 냉정한 체 할 수 있다.

그러나 조금만 더 관찰해 보라. 비록 영혼이 그들의 말에는 나타나지 않고 표정에도 나타나지 않고 목소리에도 드러나지는 않는다 할지라도 어디엔가는 영혼의 흔적이 있을 것이다. 보라. 금발의 청년은 지금 무아의 상태에 있다. 그는 자신이 관찰되지 않는다고 느끼고 있다. 차창 밖으로 저 멀리 있는 숲을 바라보는 그의 시선은 솔직하고 꾸밈이 없다. 그의 시선은 젊음과 열망으로 충만하며 소박하고 뜨거운 꿈들로 가득 차 있다. 그는 딴 사람처럼 보인다. 더 젊어 보이고 더 단순해 보이며 더 순진해 보이고 무엇보다 더 매력적으로 보인다.

그러나 다른 사람은 어떤가? 그 사람도 역시 흠잡을 데 없고 가까이 하기 어려운 신사이다. 그는 일어나 손을 뻗어 선반 위에 놓인 짐을 확인한다. 그 짐이 떨어지지 않도록 확인하거나 하려는 듯이 말이다. 그렇지만 그 짐은 안전하게 선반 위에 있기 때문에 그렇게 손으로 확인할 필요가 없다. 그 청년의 의도는 그 짐이 떨어지지 않도록 고쳐 놓으려는 것이 아니라 단지 손으로 그 짐을 만져보려는 것이며 확인하려는 것이며 애정을 느껴보려는 것이다. 아무 잘못이 없는 가죽 가방에는 사과와 옷 이외에도 중요한 어떤 것이 들어 있기 때문이다. 고향에 있는 그의 애인에게 주려고 산 도자기로 만든 사냥개와 과자로 만든 쾰른 대성당이 들어 있기 때문이다. 그것이 무엇인지는 중요하지 않다. 어쨌든 그것은 이 청년이 지금 귀중하게 생각하고 있는 것이며 그와 함께 그의 꿈이 펼쳐지는 바로 그것이다. 꿈속에서 그가 사랑하는 것이며 신성시하는 하는 것이다. 그가 언제나 손에 간직하고 쓰다듬으며 경탄하게 될 바로 그것이다.

한 시간 동안 기차를 타고 오면서 당신은 두 청년을 관찰했다. 그들은 상당히 교양 있는 이 시대의 평균적인 사람들이었다. 그들은 서로 이야기를 했고 서로 인사를 나누었으며 의견을 교환하며 고개를 끄덕이고 가로저었다. 그러나 어떤 것에도 그들의 영혼이 들어있지는 않았다. 그들이 나눈 어떤 말에도, 그들의 어떤 시선에도 영혼은 없었다. 모든 것은 가면이었으며 기계적이었다. 차창 밖으로 저 멀리 있는 푸른 숲을 바라보던 시선과 무의식적으로 선반 위에 놓인 가죽 가방을 만질 때의 사랑스런 손길을 제외하면 말이다.

이제 당신은 그 청년들에 관해 생각할 것입니다. 그대들은 영혼의 솔직한 대면을 회피하는 젊은이들이로다! 그대들은 어느 때에나 솔직하게 정체를 드러낼 것인가? 그리고 우리 모두는 생각한다. 이 세상에 사는 동안 우리의 영혼을 어떻게 가지고 갈 것인가? 우리의 몸짓과 말에 영혼이 깃들어 있도록 할 수 있겠는가? 절망하여 군중이 하는 대로 관성에 따라 살 것인가? 새를 언제나 새장에 가두어 둘 것인가? 코를 꿰인 소처럼 끌려다니며 살 것인가?

당신은 느낄 것입니다. 코뚜레와 고릴라 가죽을 벗어 던질 때 비로소 영혼이 활동한다는 것을. 영혼이 제약되지 않을 때 우리는 괴테의 사람들처럼 서로 이야기를 하게 될 것이며, 모든 숨소리를 노래로 느끼게 될 것이다. 활기 찬 영혼이 있는 곳에 변혁이 있으며 일상과의 단절이 있으며 새로운 삶이 있으며 신이 있다. 영혼은 사랑이다. 영혼은 미래이다. 그 밖의 모든 다른 것들은 사물일 뿐이며 질료일 뿐이며 우리의 신적인 능력을 방해하는 장애물일 뿐이다.

그런데 우리는 새로운 것이 요란스럽게 선전되는 시대에 살고 있지 않는가? 인간의 연대성이 흔들리는 시대에 살고 있지 않는가? 폭력이 난무하고 죽음이 분노하며 절망이 지배하는 시대에 살고 있지 않는가? 그리고 영혼은 이런 사건들 뒤에라도 있지 않은가?

당신의 영혼에게 물어보라. 미래를 의미하며 사랑이라 불리는 영혼에게 물어보라. 당신의 오성에게 묻지 마라. 과거의 세계사를 뒤지지 마라. 당신의 영혼은 당신이 정치에 너무 무관심했다고 고발하지 않으며, 너무 적게 일했다고 책망하지 않으며, 원수를 너무 적게 미워했다고 고발하지 않으며, 경계선을 확실하게 하지 못했다고 책망하지 않는다. 그러나 영혼은 당신이 영혼의 요구를 너무 두려워하여 도피했다고 고발할 것이다. 당신이 당신의 가장 사랑스런 아이인 영혼과 사귀고 함께 놀아주지 않고 영혼의 노래를 들어줄 시간을 갖지 않았다고 고발할 것이다. 때로는 돈을 받고 영혼을 팔았으며 목전의 이익을 위해 영혼을 배반했다고 고발할 것이다. 무수히 많은 사람들이 그렇게 고발당했다. 어디를 보아도 사람들의 얼굴은 신경질적이고 고통스러워 보이며 화가 나있다. 그들은 주식과 요양원 같이 가장 무익한 것을 제외하면 그 밖의 어떤 것에 대해서도 관심이 없다. 그리고 이런 추한 상황은 경고하는 고통 이외의 다른 것이 아니며 피 속에서 훈계하는 자 이외의 다른 것이 아니다.

당신의 영혼은 말한다. 당신이 나를 소홀히 한다면 당신은 신경과민이 될 것이고 생존이 어렵게 될 것이라고. 당신이 각성하여 나를 사랑하고 나에게 관심을 보이지 않는다면 당신은 그런 상태로 머물다 망하게 될 것이라고. 시간이라는 병에 걸려 행복의 능력을 상실하는 사람들은 결코 약한 사람들이 아니며 무익한 사람들도 아니다. 그들은 오히려 훌륭한 사람들이며 미래의 희망을 가진 사람들이다. 그들의 영혼이 만족하지 못하는 자들이며, 비겁하여 잘못된 세계질서에 대한 싸움을 회피하지만 아마도 내일이면 이미 진지한 자세를 취할 사람들이다.

이렇게 볼 때 유럽은 악몽에 시달려 마구 칼을 휘두르다 자기 몸에 상처를 내는 백일몽 환자처럼 보인다.

그렇다. 그때 당신은 전에 어떤 교수가 세계는 물질주의와 지성주의 때문에 고통을 당한다고 비슷하게 말한 적이 있음을 기억하게 될 것이다. 그 교수의 말이 옳다. 그러나 그가 당신을 치료해주지는 못할 것이며 마찬가지로 자기 자신도 치료하지 못할 것이다. 그는 지성의 판단으로 그렇게 말하다 자신을 잃어버린다. 그는 망하게 될 것이다.

세상이 어떻게 흘러가든 당신은 언제나 당신 자신 안에서만, 가련하고 학대받지만 부드럽고 파괴하지 않을 당신의 영혼 안에서만 의사와 구원자를 발견할 것이며 미래와 새로운 추진력을 발견할 것이다. 그 영혼 안에는 어떤 지식도 없으며 어떤 판단도 없고 어떤 계획도 없다. 그 속에는 단지 추진력만 있고 미래만 있고 순수한 느낌만 있다. 위대한 성자들과 설교자들은 그 영혼을 따랐다. 영웅들과 순교자들도 그 영혼을 따랐다. 위대한 지휘관들과 정복자들은 그 영혼을 따랐으며, 위대한 마술사들과 예술가들은 그 영혼을 따랐으며, 평범하게 시작하여 크게 성공한 모든 사람들은 그 영혼을 따랐다. 그러나 백만장자들의 길은 다르다. 그 길은 요양원에서 끝난다.

개미도 전쟁을 하며, 꿀벌들도 나라를 가지며, 햄스터들도 재산을 모은다. 당신의 영혼은 다른 길을 추구한다. 당신은 자신의 영혼의 요구를 무시한 대가로 성공을 거둘 수는 있다. 그러나 결코 그곳에 행복이 꽃피지는 못한다. 행복을 느끼는 기관은 오성이 아니며 배가 아니며 머리나 돈주머니가 아니라 바로 영혼이기 때문이다.

그렇지만 이에 관해 더 이상 생각하지 않고 말하지 않는다 할지라도 이 모든 것을 이미 오래전에 설파한 한 마디 말이 있다. 그 말은 영원한 진리이다.

"당신이 온 세상을 다 얻는다 할지라도 당신의 영혼을 잃는다면 무슨 유익有益이 있겠는가!"

(1917)

● 마하트마 간디(1869-1948)

만개 滿開

복숭아나무에 꽃이 활짝 피었지만
모든 꽃이 다 열매를 맺는 것은 아니구나.
그 꽃들이 나무 사이로 보이는 푸른 하늘과 흘러가는 구름에서
밝게 깜박거린다.

꽃처럼 생각이 떠오른다.
하루에도 수백 가지 생각이 -
그냥 놔두어라! 그렇게 흘러가도록!
결실을 염려하지 마라.

유희와 소박함도 있어야 한다.
열매를 맺지 못하고 떨어지는 꽃도 있듯이,
그렇지 않으면 세상은 우리에게 너무나 작고
인생은 즐거움이 없을 것이다.

● 1928년 헤세가 그린 수채화 〈튤립〉

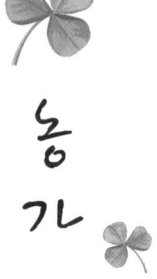

농가

알프스의 남쪽 기슭에 있는 이 축복된 지역을 다시 오게 되면 나는 언제나 귀양살이에서 고향으로 돌아온 것 같은 기분이 든다. 이곳에서 태양은 더 따뜻하게 비치며, 산들은 더 붉은색을 띤다. 이곳에서는 밤과 포도, 아몬드와 무화과가 자라며, 사람들은 비록 가난하지만 착하고 예의 바르며 친절하다. 그들이 만드는 모든 것은 자연으로부터 자라난 것처럼 좋아 보이며 올바르고 다정해 보인다. 집과 담, 포도밭은 계단과 길 등 이 모든 것은 새것도 아니고 그렇다고 낡은 것도 아니다. 모든 것은 인위적으로 조성된 것이 아니고 자연을 훼손하여 만든 것도 아니다. 그 모든 것은 바위나 나무, 이끼처럼 저절로 형성된 것이다. 포도밭의 담장과 집, 지붕은 모두 갈색의 편마암 암석을 이용하여 만들어져 형제처럼 잘 어울린다. 낯설거나 적대적이거나 폭력적으로 보이는 것은 아무것도 없다. 모든 것은 친밀하고 명랑하게 보이며 이웃같이 보인다.

당신이 원하는 곳이 어디든 그곳에 앉아보라. 그곳이 담장이든 바위든 나무 그루터기이든 풀밭이든 맨땅이든 아무 곳에나 앉아보라. 어디에 앉든 당신은 주변에서 풍경화와 시를 발견할 것이다. 당신 주변의 세계가 아름답고 행복하게 조화를 이루고 있음을 발견할 것이다.

여기 가난한 농부들이 거주하는 한 농가가 있다. 그 농가에는 소는 없고 돼지와 염소, 닭만 있다. 농부들은 포도와 옥수수, 과일과 채소를 재배한다. 집 전체는 돌로 지어졌으며, 바닥과 계단도 돌로 만들어졌다. 두 개의 돌기둥 사이에 돌을 깎아 만든 계단이 있는데 그 계단을 지나면 마당이 나온다. 어디를 가나 식물과 바위 사이에서 푸른색 호수가 눈에 띄인다.

사상과 염려는 눈 덮인 산들 저편에 놓여 있는 것처럼 보인다. 고민하는 사람들과 추잡한 사실들 사이에서 우리는 그렇게 많은 생각을 하고 염려하며 살아간다. 그런 곳에서는 현존재의 정당성을 발견하는 것이 대단히 어렵고 절대적으로 중요하다. 그렇지 않으며 도대체 어떻게 살아야 한단 말인가? 커다란 불행을 당할 때 사람들은 우울해 한다. 그러나 이곳에서는 아무 문제가 없다. 현존을 위해 아무런 정당성도 필요하지 않으며, 사상은 놀이가 된다. 사람들은 세상이 아름답다고 느끼며 인생은 짧다고 느낀다. 모든 소원이 다 이루어지는 것은 아니다. 나는 두 개의 눈을 더 가지고 싶으며, 하나의 폐를 더 가지고 싶다. 나는 두 다리를 풀밭에 뻗고 그 다리가 더 길었으면 하고 바란다.

나는 거인이 되고 싶다. 그러면 나는 흰 눈이 덮인 알프스의 한 봉우리쯤에 머리를 두고 염소들 사이에 누워 발가락은 저 아래 깊은 호수에 담그고 찰싹거리며 장난을 칠 것이다. 나는 누워 있기만 하고 결코 일어나지는 않을 것이다. 내 손가락 사이에서는 고지대에서 자라는 관목들이 무성하게 자랄 것이며, 머리카락 속에는 알프스의 장미가 필 것이다. 내 무릎은 산기슭의 구릉지가 될 것이다. 내 몸통에는 포도밭과 집, 성당이 세워지게 될 것이다. 나는 그렇게 하늘과 호수를 보고 눈을 깜박이며 수만 년을 누워있을 것이다. 내가 재채기를 하면 천둥이 일어나고, 내가 하품을 하면 눈이 녹아 그 물로 수많은 폭포들이 생긴다. 내가 죽으면 온 세상이 죽는다. 그러면 나는 새로운 태양을 가지러 대양을 넘게 될 것이다.

나는 오늘 밤 어디서 자게 될 것인가? 아무래도 좋다. 세상에는 무슨 일들이 일어나고 있는가? 새로운 신들이 사람들에 의해 창조되었는가? 새로운 법이 만들어졌는가? 새로운 자유가 주어졌는가?

아무래도 좋다. 그러나 여기 위쪽에는 아직 앵초 꽃이 피어 있으며 그 잎에는 은색의 물방울이 맺혀 있다. 저 아래 미류나무 가지 사이로 바람이 불어 부드럽고 감미로운 소리를 낸다. 내 두 눈과 하늘 사이에는 한 마리의 진한 금색 꿀벌이 윙윙거리며 날고 있다. 이것은 아무래도 좋은 것들이 아니다. 그 꿀벌은 행복의 노래를 부른다. 그는 윙윙거리면서 영원을 노래한다. 그의 노래는 나의 세계사이다.

(1919)

● 보덴 호수 근처에 있는 농가

사제관

걸어서 이곳저곳 다니다 이 아름다운 집을 들리면 한 줄기의 그리움과 향수가 일어난다. 고요와 휴식, 시민의식에 대한 그리움이 그것이며, 좋은 침대들과 정원의 의자, 맛있는 음식을 만드는 냄새에 대한 향수와 기타 공부방과 잎담배, 고서들에 대한 향수가 그것이다. 청년시절 나는 신학을 얼마나 경멸하고 조롱했던가! 그러나 지금 내게 있어서 신학은 기품과 매력이 넘치는 학문이다. 신학은 길이를 재거나 무게를 다는 것과 같은 하찮은 일들을 다루는 학문이 아니다. 총성과 환호, 배반이 난무하는 비열한 세계사와도 무관하다. 신학은 내적이고 축복된 일들, 은총과 구원, 천사들을 다루며 혼인이나 임종과 같은 성사들을 다룬다.

나 같은 사람이 여기 이 사제관에 살면서 신부로 있다는 것은 상상하기 힘든 일일 것이다. 바로 나 같은 사람이 말이다. 내가 신부라면 아마도 나는 여기서 세련된 검은색 옷을 입고 이리저리 다니지 않을까? 나는 정원에 있는 배나무를 정신적이고 비유적으로만 사랑하지 않을까? 나는 마을에서 죽은 사람을 위로하고 라틴어로 된 고서들을 읽지 않을까? 나는 요리사에게 부드러운 목소리로 명령하고 일요일에는 훌륭한 설교를 구상하며 돌이 깔린 길을 걸어 교회로 건너가지 않을까?

날씨가 좋지 않은 날이면 급히 난로에 불을 지펴 녹색이나 청색의 벽난로들 중 하나에 몸을 기댈 것이다. 그 사이에 나는 창가에 서서 이 날씨를 보며 고개를 설레설레 흔들 것이다.

반대로 날씨가 화창한 날에는 정원에서 과일나무를 손질하거나 창문을 열어놓고 멀리 산들이 회색의 검은 구름에 싸였다 다시 화창하게 개는 모습을 바라볼 것이다. 나는 적막한 이 집을 지나 산책하는 모든 사람들을 아주 부러운 눈으로 바라볼 것이다. 그 사람들이 참 좋겠다고 생각할 것이며 심지어 동경심을 가지기도 할 것이다. 그들이 나보다 더 나은 길을 선택했다는 생각이 들 것이기 때문이다. 그들은 나처럼 한 곳에만 들어앉아 신사 흉내를 내지 않고 현실적이고 진지하게 이 땅의 손님이자 순례자의 길을 택한 것이다.

아마도 내가 사제라면 그런 사제였을 것이다. 아니면 그와는 달리 수많은 밤들을 희미한 서재에서 어려운 역사책과 씨름하며 보낼 것이며 헤아릴 수 없이 많은 악마들과 싸웠을 것이다. 아니면 은밀한 죄에 대한 양심의 두려움 때문에 밤에 악몽에 시달리다 놀라 깨기도 했을 것이다. 아니면 녹색의 정원 문을 굳게 걸어 잠그고, 성당지기가 종을 치든 말든 사무실과 내가 사는 마을과 세상에 대해 전혀 무관심하게 살았을 것이다. 나는 넓은 안락의자에 누워 담배를 피우며 한없이 게으름을 피웠을 것이다. 저녁에는 옷을 벗기도 귀찮아 그냥 자고 아침에는 일어나지도 않았을 것이다.

간단히 말해, 나는 결코 신부가 되어 이 사제관에 머물기보다는 지금처럼 쉬지 않고 거칠 것 없이 돌아다니는 방랑자가 되기를 바란다. 나는 결코 사제가 되기를 바라지 않는다. 오히려 어떤 때는 환상을 좇는 신학자이고 싶고, 어떤 때는 미식가로 음식을 탐하고 싶고, 어떤 때는 지독하게 게으르고 포도주에 취하고도 싶고, 어떤 때는 젊고 아리따운 여자에게 빠져보고도 싶고, 어떤 때는 시인과 광대이고도 싶고, 어떤 때는 향수로 인해 공허한 가슴에 두려움과 아픔을 가지고 싶기도 하다.

그러니까 내가 녹색 대문과 배나무, 아름다운 정원과 아름다운 사제관을 밖에서 보든 아니면 안에서 보든 그것은 중요하지 않다. 내가 밖에서 창문을 통해 조용하고 신성한 사제를 동경하든 아니면 안에서 창문을 통해 산책하는 사람들을 부러운 눈으로 바라보든 그 것은 중요하지 않다. 지금 여기서 사제로 있든 방랑자로 거리에 있든 그것은 전혀 중요하지 않다. 중요한 것은 내 마음속에서 생명이 꿈틀거리고 있음을 느낀다는 사실이다. 그 느낌이 혀끝에서 느껴지든 아니면 발바닥에서 느껴지든, 관능적 쾌락의 느낌이건 아니면 고통의 느낌이건 간에 말이다. 중요한 것은 나의 영혼이 움직이고 있다는 것이며 그 영혼이 상상의 세계에서 무수히 많은 형태로 나타날 수 있다는 것이다. 나의 영혼은 때로는 사제가 되기도 하고 방랑자가 되기도 하고 요리사와 살인자가 되기도 하고 어린아이와 짐승이 되기도 하고 심지어는 날짐승과 나무가 되기도 한다. 나는 그렇게 살고 싶다. 그리고 언젠가 그 모든 것들이 더 이상 부질없는 것으로 느껴지고 인생의 진정한 의미를 발견하게 된다면 나는 죽어도 후회가 없을 것이다.

    나는 우물에 기대어 서서 사제관을 스케치했다. 무엇보다 내 마음에 든 것은 녹색의 대문과 그 뒤에 있는 종탑이었다. 나는 그 대문을 실제보다 더 진한 녹색으로 색칠을 했고 종탑을 실제보다 더 높게 그렸다. 나는 이 집에서 십오 분 동안이나 고향처럼 편안한 느낌을 가졌다. 나는 단지 밖에서 바라보기만 했을 뿐 그 안에 아는 사람이 아무도 없는 이 사제관에 대해 언젠가 향수를 느낀 적이 있었을 것이다. 내가 어렸을 때 자라면서 행복을 느꼈던 고향을 그리워하듯이 말이다. 나는 여기서 15분 동안 어린아이처럼 행복을 느꼈기 때문이다.

(1919)

● 마울브론에 있는 성당 기둥이 있는 홀.

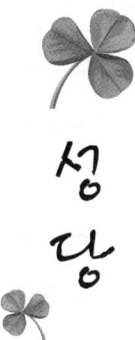

성당

작은 처마가 딸린 장밋빛 붉은색 성당이다. 이 성당을 지은 사람은 착하고 섬세한 미적 감각을 지닌 대단히 경건한 사람이었음에 틀림없다.

요즘은 신앙심이 깊은 사람이 더 이상 없다는 말을 자주 들었다. 그렇다면 요즘은 더 이상 음악이 없고 푸른 하늘이 없다고 말할 수도 있을 것이다. 그러나 나는 아직도 신앙심이 돈독한 사람들이 많이 있다고 믿는다. 나 자신도 신앙심이 깊다. 그러나 언제나 그런 것은 아니다.

경건을 추구하는 방법은 사람마다 다를 수도 있다. 나는 많은 오류를 범하고 고뇌하면서 경건을 추구했다. 때로는 자학하기도 했고 때로는 아주 어리석은 짓을 하기도 했고 때로는 어리석음의 원시림을 통과하기도 했다. 나는 자유로운 정신의 소유자였다. 신앙은 영혼의 질병이라고 생각했다. 나는 한때 금욕주의자인 적도 있었고 못으로 살을 찌른 적도 있었다. 경건이 건강과 즐거움을 의미한다는 사실을 알지 못했다.

경건함은 신뢰 이외의 다른 것이 아니다. 순수하고 건강하며 악의가 없는 사람, 어린이와 자연인은 신뢰를 가진다. 결코 악의가 없지 않던 우리는 우회로를 통해 신뢰를 발견해야 했다. 당신 자신을 신뢰하는 것이 신뢰의 시작이다. 복수심과 죄, 악한 양심을 가지고서는 신앙에 이를 수 없으며, 고행과 희생을 통해서도 신앙이 성숙되지는 않는다. 이런 모든 수고들은 우리 밖에 있는 신들을 위한 수고이다. 우리가 믿어야 하는 신은 우리 안에 존재한다. 자기 자신을 신뢰하지 못하는 사람은 하나님을 받아들일 수 없다.

이 땅의 사랑스럽고 친밀한 성당들이여!

그대들은 하나님의 징표들이며 비문들이다. 그러나 그 하나님은 나의 하나님은 아니다. 그대들 신자들은 여러 가지 기도를 한다. 그러나 나는 그대들이 기도를 이해하지 못한다. 그럼에도 나는 그대들 안에 들어가 기도할 수 있다. 떡갈나무 숲에서나 초원에서 기도할 수 있듯이 말이다. 그대들은 청년들이 부르는 봄의 노래처럼 초원에서 노란색이나 흰색이나 장밋빛으로 꽃을 피운다. 그대들에게서는 모든 기도가 허용되며 거룩하다.

기도는 노래처럼 거룩하고 치유하는 힘이 있다. 기도는 신뢰이며 보증이다. 진실로 기도하는 사람은 구하지 않는다. 그는 단지 자신의 상황과 곤궁에 관해 이야기할 뿐이다. 그는 어린 아이들이 노래하듯 자신의 고뇌와 감사를 홀로 노래한다. 피사의 성당 한적한 곳에 그려져 있는 은자들은 그렇게 기도했다. 그 그림은 세상에서 가장 아름다운 그림이다. 나무들과 짐승들도 그렇게 기도했다. 훌륭한 화가의 그림들에 그려져 있는 모든 나무와 모든 산은 기도한다.

경건한 어떤 개신교 집안에서 자란 사람이 이런 기도에 도달하기까지는 긴 여정이 필요하다. 그는 지옥처럼 고통스런 양심의 가책들을 겪는다. 그는 자신에 대한 자책감에 시달린다. 그는 온갖 종류의 분열과 고통, 절망을 경험한다. 드디어 그는 자신이 가시밭길을 걸어가며 그렇게 찾아 다녔던 축복이 얼마나 단순하고 자연스러운 것인지 발견하고 놀라게 된다. 그러나 그가 걸어온 가시밭길들이 전혀 무익한 것은 아니었다. 그런 과정을 거쳐 고향에 돌아온 사람은 줄곧 고향에 머물기만 한 사람과는 다른 사람이다. 그는 보다 진지하게 사랑한다. 그는 정의에 사로잡히지 않으며 남들이 미친 사람이라 하여도 개의치 않는다. 정의는 고향에 머물러 있던 사람의 덕목이며, 지나간 시대의 덕목이며, 원시인의 덕목이다. 새로운 시대에 사는 우리에게는 그런 덕목이 필요하지 않다. 우리에게 중요한 단 하나의 행복은 사랑뿐이며, 단 하나의 덕목은 신뢰이다.

나는 당신들 성당에 모이는 신자들이 부러우며 그대들의 공동체가 부럽습니다. 수많은 사람들이 기도할 때 당신들에게 그들의 고통을 호소한다. 수많은 아이들이 당신들의 문을 화환으로 장식하고 당신들에게 촛불을 가져온다. 그러나 우리의 신앙, 먼 길을 돌아서 획득된 경건은 고독하다. 옛 신앙의 소유자들은 우리와 사귀기를 원치 않는다. 그리고 휘몰아치는 세상의 조류는 우리의 섬에 들리지 않고 지나쳐 간다.

나는 가까운 잔디밭에서 여러 가지 꽃을 꺾어 성당 안에 내려놓는다. 나는 고요한 아침 난간에 걸터앉아 콧노래를 흥얼거린다. 나는 모자를 벗어 갈색의 벽에 걸어놓는다. 푸른색 나비 한 마리가 그 위에 앉는다. 저 멀리 언덕에는 희미한 기적을 울리며 기차가 달린다. 나뭇잎에는 아직도 아침 이슬이 햇빛을 받아 반짝거린다.

(1919)

● 헤세가 그린 몬타뇰라의 〈카사 카무치〉

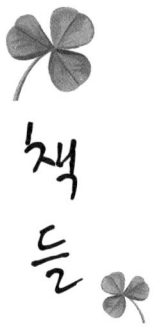

책들

이 세상의 모든 책은
당신에게 행복을 가져다 주지 않는다.
그렇지만 그 책들은 당신에게 은밀히 지시한다.
당신 자신의 내면으로 돌아가라.

바로 거기에 당신이 필요로 하는 모든 것이 있다.
태양이 있고 별들이 있고 달이 있다.
당신이 찾는 그 빛은
당신 자신 안에 존재하기 때문이다.

당신이 오랫동안 도서관에서 찾던 지혜는
지금 꽃잎마다 빛나고 있다.
이제 그 지혜는 당신의 것이다.

● 헤르만 헤세의 도서관 전경

남유럽에서 보낸 여름

생활이 넉넉해진 국민들이 자유로이 여행할 수 있던 평화로운 시대에는 여름에 남유럽으로 여행하는 사람은 아무도 없었다. 소문대로 여름의 남유럽은 견딜 수 없을 정도로 덥고 믿을 수 없는 질병들이 유행하였다. 사람들은 북유럽으로 떠나거나 해발 이천 미터가 넘는 알프스 산장에서 피서를 했다. 그런데 지금은 다르다. 전리품을 남유럽으로 수출하는 행운을 잡은 사람은 남유럽에 머물면서 이 여름의 혜택을 누린다. 우리 같이 나이 든 독일의 이방인들은 아주 뒷전으로 밀려나 아무리 조심스런 표정을 짓고 화려한 옷을 입어도 당당하지 못하다. 우리 민족이 그렇게 당당하지 못한 이유는 몰

래 숨겨놓은 재산으로 이곳에 집과 정원을 사고 시민권을 획득한 저 고관대작들 때문이다.

그러나 이런 사소한 일에도 불구하고 매일 아침 태양은 떠오르고 새들은 끝없이 펼쳐진 너도밤나무 숲에서 노래하기 시작한다. 나는 가방에 빵과 책 한 권, 연필 한 자루와 수영복을 챙겨 넣고 마을을 떠난다. 긴 여름을 숲과 호수에서 손님처럼 보내기 위해서이다. 숲에는 꽃이 지고 이미 작은 가시들로 덮인 너도밤나무 열매가 달려 있다. 하이델베르 열매는 이미 떨어지고 나무딸기 꽃이 온 산에 가득 한창 피어나고 있었다.

무수히 많은 작고 아름다운 꽃과 풀, 이끼와 버섯이 나를 반긴다. 나는 그것들의 이름을 외우려고 수없이 노력했지만 소용이 없었다. 그래서 나는 한 권의 식물도감을 들고 실제로 꽃과 일일이 대조해가며 공부하기로 결심한 것이다. 마찬가지로 나는 후에 작은 정원에 살면서 채소를 가꾸고 정원 울타리 밖의 일에 관해서는 더 이상 생각하지 않기로 결심했다. 그렇게 결심하는 것은 아름답고 우리에게 기쁨을 준다. 그러나 그런 결심을 실행하기에는 우리의 인생이 너무 짧아 보인다. 어쨌든 여름이다. 일 년의 여러 달을 실제로 추위와 석탄을 걱정할 필요가 없는 남유럽에서는 이렇게 귀중한 여름날들이 짧은 날갯짓 한 번으로 성급하게 지나간다. 마치 태양과 별, 달도 파멸과 세계의 위기를 감지하고 서둘러 다시 한 번 돌기나 하듯이 말이다.

우리 가련한 인생도 그렇다. 이렇게 급하고 사라져 가는 불꽃처럼 우리의 노래를 부르고 우리의 춤을 춘다. 우리의 보물창고는 숲 속에 깊이 아름답고 은밀하게 감추어져 있다. 그런 보물창고는 농부들의 서늘하고 작은 포도주 창고이다. 잔칫날이면 친한 사람들이 그곳에서 한 잔의 포도주를 마시고 한 조각의 빵을 먹으면서 즐거운 대화를 나눈다. 이것이 보물창고가 아니고 무엇이겠는가? 나는 어리석음과 여름의 냄새가 충만하고 우울하고 외로우며 사색과 유치함이 가득한 따뜻하고 조용하고 무엇인가 생각하게 하는 수많은 밤들을 여기서 보낸다.

나는 정오가 지난 숲의 그늘에 길게 누워 익숙한 독일 가곡을 부르다가 그 사이에 틈틈이 내가 가져온 검은색의 작은 책을 읽는다. 작은 책은 그 순간 내게 있어서 세상에서 가장 아름다운 책이다. 그 책의 제목은 『알마이드』Almaide인데 프랑시스 잠*(Francis Jammes 1868~1938. 신고전파 시인)이라는 프랑스 사람이 쓴 책이다.

저녁 무렵이 되면 호숫가의 모래사장으로 간다. 그 모래사장 뒤에는 갈대와 풀이 섞여 있는 잡목 숲이 있다. 호수는 따뜻한 혀로 저녁의 석양이 비치는 모래사장을 핥는다. 낚시꾼들이 긴 낚싯대를 들고 물이 흘러 나가는 입구에 꿈꾸듯이 서 있다. 산들이 저녁노을로 물들면 저녁의 황홀경이 온 세상을 덮는다. 우울한 마음이 몇 시간 동안은 감미로운 감정으로 바뀐다. 태양이 내 뒤에서 갈색으로 불타다 수많은 산들 중 하나 속으로 숨어 버리면 굶주린 육체가 한기를 느끼고 개울에 담근 발이 시려온다. 우리는 얼마나 많은 것을 가지고 싶어 하는가? 그렇지만 아무것도 가지지 못한다. 우리 인생은 얼마나 슬픈 것이 되어 버렸는가! 우리가 인생을 그렇게 슬프게 살아간다면 우리는 얼마나 어리석은가!

마을에 가서 밥이나 마카로니를 한 접시 먹거나 아니면 식당에서 빵 한 조각과 포도주를 마시고 나면 비로소 제정신이 든다. 그리고 아직 밝은 기운이 남아있는 도로를 따라 천천히 집으로 돌아온다. 산을 넘어 어두워진 숲을 지나 걸어오다 보면 그 숲에는 낮의 온기가 아직 남아 있다. 이미 추수가 끝난 들판과 포도가 주렁주렁 열린 포도밭을 지나 돈 많은 밀라노 사람들이 사는 집 정원들을 지난다. 그 정원에는 떠오르는 달빛을 받아 수많은 수국 다발들이 은은하게 빛난다. 마을에 돌아오면 거의 자정이 된다. 흐르는 구름 사이로 간혹 달빛이 빛난다. 검고 키가 큰 나무에 달린 커다란 목련 송이에서 레몬 향기가 풍긴다. 저 아래 호수에는 마을의 불빛들이 반사되어 반짝인다.

달이 하늘에서 경주하듯이 달린다. 달리는 모습이 마치 감았던 태엽이 한꺼번에 풀린 시계의 바늘이 도는 것 같다. 시계 바늘이 육상선수처럼 미친 듯이 빨리 달린다. 인생은 짧다. 우리는 그렇게 짧은 인생을 수고와 간교함, 사치로 망치고 힘들게 만들어 버렸다. 얼마 안 되는 좋은 시간들, 며칠동안 따뜻한 여름의 낮과 밤을 마음껏 즐기고 향유하자. 이미 장미와 등나무 꽃이 두 번째 피고 있다. 이미 낮이 짧아지고 있다. 모든 나무와 잎들이 세월의 무상함을 한탄하고 있다.

밤바람이 창문 앞의 나무가 살랑거린다. 달빛이 붉은색 돌바닥 위에 부딪혀 떨어진다. 고향의 친구들은 무엇을 할까? 손에 꽃을 들고 있을까? 아니면 수류탄을 들고 싸움터에 있을까? 아직도 살아있기나 한 것일까? 나에게 애정이 담긴 편지를 쓰고 있을까? 아니면 또 다시 비방하는 글을 쓰고 있을까?

사랑하는 친구들이여!

그대들이 하고 싶은 대로 하라. 그러나 언제나 매 순간마다 인생이 짧다는 것을 생각하라!

(1919)

테신의 성당과 교회

개신교를 믿는 북유럽 사람이 알프스 남쪽 지역에서 느끼는 남유럽의 매력 중 하나는 가톨릭교회이다. 엄격한 개신교 가정에서 자란 내가 처음 이탈리아를 여행했을 때 가톨릭교회로부터 받은 강한 인상을 지금도 잊을 수가 없다. 한 국민이 가톨릭교회를 주축으로 그렇게 자연스럽고 소박하게 사는 것을 보고 놀랍고도 매력적이기까지 했다. 가톨릭은 언제나 그 국민의 색채, 위안, 음악의 중심이었으며 활력소였다. 이탈리아와 알프스 지역의 나라들에서 가톨릭교회가 퇴조하고 있는 것이 사실이긴 하지만 (그런 현상은 테신에서 두드러져 보인다. 무수히 많은 아름다운 옛 성당 건물들이 오늘

날에는 더 이상 가능하지 않을 것이다) 북유럽에 비하면 아직도 교회는 건재하며 어머니 같은 삶의 중심지이다. 개신교와 양심의 가책에서 자란 사람에게 소박하고 솔직하며 치장하는 신앙형태를 보는 것처럼 인상적인 것은 없었다. 실론이나 중국의 신전에서건 테신의 성당에서건 이런 형태의 신앙을 보면 잃어버린 영혼의 순수성, 파라다이스, 종교적 삶의 원시성과 순수성을 추억하게 된다. 정신적으로 만족할 줄 모르는 유럽인들에게 가장 결여되어 있는 것은 바로 이런 환희와 순수성이다.

알프스를 넘어갈 때는 언제나 기후가 갑자기 따뜻해지고 사람들의 말소리가 구르는 듯 낭랑하게 들리며 계단식 포도원들이 인상적으로 다가온다. 수많은 아름다운 교회들과 성당들을 보고 부드럽고 포근한 삶의 상태, 어린아이 같고 단순하며 경건하고 기쁨에 넘치는 인간의 모습을 그리워하게 된다. 그러면서 점차로 가톨릭교회의 신앙을 고대의 신앙형태와 분리할 수 없다는 것을 느끼게 되었다. 고대 로마와 중세 시대의 농업양식과 계단식 밭에서 포도와 뽕나무를 재배하는 방식이 여기 남유럽에서 옛날 그대로 보존되어 있듯이 시각적이고 형상화하는 고대의 신앙형태의 일부가 알프스 남쪽의 여러 나라들에 아직도 남아있다. 로마시대에 신전이 서 있던 곳에 지금은 교회가 있다. 당시에는 숲의 신을 위한 작은 돌기둥이 있던 곳에 지금은 십자가가 서 있다. 당시에 님프, 샘의 여신, 초원의 신이 서 있던 곳에 지금은 그리스도의 십자가상이나 어느 성자의 벽감*⁽壁龕 꽃병 등을 놓는 벽의 오목한 부분⁾이 서 있다. 고대인들이 그랬듯이 이 벽감 앞에서 아이들이 놀이를 한다. 고대인들이 이 벽감을 장식하듯이 오늘날은 아이들이 꽃으로 이 벽감을 장식한다. 방랑자와 목동이 이곳에서 쉰다. 그 옆에는 떡갈나무가 서 있다. 어느 여름 주일날 파란색과 황금색 옷을 입은 사제단을 거느린 주교가 이곳을 지나가며 그 작은 성지를 축복한다. 그곳이 잊어지지 않도록, 그곳을 보며 사람들이 계속해서 위안과 기쁨을 받고 신성한 것을 환기하고 우리의 최고의 목표를 기억하게 되도록 말이다.

테신에서 나는 이런 느낌을 특히 강하게 받았다. 사람들은 테신에서 자신들이 알프스의 남쪽 기슭에 왔다는 것을 느끼게 되며, 태양과 가장 오래된 유럽 문화의 땅을 밟게 되었음을 실감하게 된다. 이것은 단지 그곳의 태양이 따뜻하고 그곳에서 듣는 사람들의 말소리가 아름답기 때문이 아니고 자연조건을 잘 이용한 계단식 포도원들 때문만도 아니다. 그곳의 모든 건물들이 오래된 것이든 새로 지은 것이든 모두 경건한 인상을 풍기기 때문이며, 모든 성당들과 동상들 때문이기도 하다. 모든 것이 아름답다. 테신 사람들은 조상 대대로 뛰어난 건축가들이며 성벽 건축자들이었기 때문이며 이탈리아에서도 많은 훌륭한 건물들의 건축을 도운 경험이 있기 때문이다. 성당이 서 있는 곳도 아름답다. 루가노 성당, 테세레테 성당, 론코 성당, 겐틸리

노에 있는 성 아본디노 성당, 브레간쪼나 성당, 마돈나 델 사쏘 성당이 그런 성당들이다. 성당으로 들어가는 길도 아름답고 엄숙하다. 성당으로 들어가는 길 양 옆에는 성벽들이 늘어서 가벼운 압박감을 느끼게 하며, 출입문 앞에는 언제나 작은 광장이 있어 단숨에 성당으로 들어가지 못하도록 되어 있다. 순례자들은 언제나 작기는 하지만 탁 트인 입구 광장에서 잠시 숨을 돌린다. 그곳에는 몇 그루의 나무들이 서 있으며 대개 길게 늘어선 현관을 통해 출입할 수 있도록 되어 있었다.

돌은 풍부하지만 나무는 부족한 이 지역의 모든 건물들처럼 성당들도 모두 돌로 지어져 있다. 작은 산골 마을들에는 벽을 바르지 않고 돌이 그대로 드러난 작은 성당이 서 있다. 지붕도 편마암 석판들로 덮여 있는데 단지 용마루와 종탑이 눈에 띄게 높이 솟아 있다. 벽이 깨끗이 단장되어 그곳에 아름다운 성화가 그려져 있는 다른 마을들의 건물과 대조적이다. 물론 이곳의 기후가 건물의 외벽에 그림을 그리기에 적합하지 않기는 하다. 비록 성당들이 초라하기는 하지만 황폐하게 무너진 곳은 거의 발견할 수 없었다.

마을 한가운데 성당이 우뚝 솟아 있듯이 태고의 경건함이 마을 전체와 쓸쓸하고 거친 계곡과 산에까지도 발산되고 있다. 아무리 외진 곳이라도 염소가 풀을 뜯고 사람들이 생업활동을 하는 한 그곳에는 작은 성당이 있고 모퉁이에는 예배당이 있다. 예배당 처마 밑으로 길이 나 있어 비가 오는 날에는 처마 밑에서 비를 피할 수 있게 되어 있다. 성상은 소박하고 매력적이다. 돌 지붕 아래 있는 낡은 벽들 사이에는 성화를 그린 작은 벽이 있는데 거기 그려진 그림은 너무 오래되어 색이 바랬다.

성당에 들어가지 않더라도 어디를 가나 성당 같은 분위기를 느낄 수 있다. 돌산 위에서 휴식을 취하고 싶은 사람, 뜨거운 국도에서 그늘진 곳을 찾는 사람은 이 건물들에서 휴식을 취하고 그늘진 곳을 발견하고 감사한다. 이 건물들은 전원의 장식물로서, 휴식처로서, 이정표로서, 울퉁불퉁한 산골에서 눈을 쉴 수 있는 장소로서 모든 사람들에게 유익한 역할을 한다. 그래서 이 건물들을 보는 사람들은 누구나 반가운 마음을 갖게 된다. 그러나 건물들 안에는 아름답고 진귀한 물건들이 있다. 루가노에 있는 베르나르도 루이니의 그림들로부터 무명의 작은 산골 성당에 있는 그림들에 이르기까지 테신의 성당들에서는 어디를 가나 그림, 프레스코 벽화, 세례를 베풀 때 쓰는 물을 담는 돌그릇과 석고상을 발견할 수 있다. 이 모든 것들로부터 우리는 이 산골 마을이 이탈리아의 고전문화와 밀접하게 연결되어 있음을 알 수 있으며 테신 사람들이 전통적인 예술적 재능을 엿볼 수 있다. 나는 그런 예들을 무수히 많이 들 수 있지만 관광 안내인처럼 이러저러한 단편적인 것들을 열거하고 싶지는 않다. 관광 안내인이 없이 여행을 하는 것이 훨씬 더 낫다. 테신의 거리를 걷는 사람은 곧 행복한 경험을 하게 될 것이다. 그는 테신의 어디를 가나 조용하고 진귀한 옛 예술품들을 발견할 수 있을 것이다.

    테신에 있는 사랑스런 성당, 작은 예배당들이 얼마나 오랫동안 나를 반가운 손님으로 맞아주었는지 모른다. 그곳에서 나는 참으로 큰 기쁨을 가지게 되었다! 그곳은 나에게 정말 시원한 그늘이 되어 주었다! 그곳의 예술품들을 보고 나는 진정으로 행복했다! 그곳에서 나는 우리에게 진정 필요한 것이 무엇인지 생각하게 되었으며, 어떻게 사는 것이 진정 즐겁고 용기 있으며 지혜로운 것인지 생각하게 되었다. 그곳에서 나는 수많은 미사에 참여했으며, 수많은 찬송가를 불렀다! 참으로 많은 화려한 축제 행렬들이 성당의 기둥에서 흘러나와 밝은 전원으로 사라지는 것을 보았는지 모른다. 산과 호수, 깊은 골짜기, 종탑의 종소리가 이 마을의 것이듯이 많은 성당들도 이 마을에 중요하다. 성당은 이 마을 사람들의 삶에 그늘이 되었으며 다른 종교를 믿는 사람들에게도 그랬다.

(1920)

푸르른 저녁

순수하고 경이로운 광경
그대가 보라색과 황금빛으로부터
평화롭고 진지하고 사랑스럽게 저물어 갈 때
그대 빛나는 저녁 하늘의 푸름이여!

푸른 바다를 연상시키는 그대여,
닻을 내릴 때의 행복이 복된 휴식이 되니
괴로운 세상의 마지막 물방울이 노에서 떨어진다.

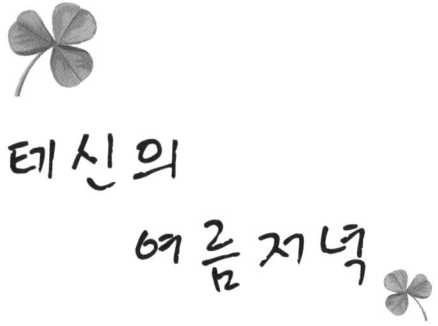

테신의 여름 저녁

　오랫동안 태양이 작열하고 긴 가뭄 끝에 드디어 소나기가 내렸다. 오후 내내 요란하게 천둥이 치더니 우박이 쏟아졌다. 숨이 막힐 듯하게 후덥지근한 공기가 가시고 시원한 바람이 불었다. 흙냄새와 씁쓸한 나뭇잎 냄새가 바람에 날아왔다. 저녁이 되었다.

　산의 그늘진 곳에 있는 숲에는 동화 속 마을같이 작고 아담한 그 마을의 포도주 저장실들이 있다. 그 포도주 저장실들의 앞면은 돌을 쌓아 만든 벽면이고 뒤쪽 지붕은 땅에 닿아 있었다. 산속 깊숙이 굴을 파고 포도주를 저장할 수 있게 만들었다. 그 저장실에 작년 가을과 재작년 가을에 담근 포도주들이 갈색 통에 담겨 저장되어 있었다.

더 오래된 포도주는 없었다. 포도주는 부드럽고 아주 가벼운 맛이 나며 색깔은 붉었다. 과일 주스와 두꺼운 포도껍질처럼 시원하고 신 맛이 났다.

　우리는 가파른 언덕에 있는 포도주 저장고의 작은 발코니에 앉았다. 발코니에는 책상 두세 개를 놓을 만한 공간이 있었다. 너도밤나무, 플라타너스, 아카시아 나무 등 오래된 나무들이 우거져 있었다. 그 나무들은 키가 크고 울창하여 거의 하늘이 보이지 않을 정도였다. 나는 비가 올 때 가끔 이곳에 한참을 앉아 있었지만 비는 전혀 맞지 않았다. 나는 이 창고에 사는 몇 명의 예술가들과 함께 말없이 앉아 있었다. 흰색과 푸른색 줄무늬가 있는 작은 옹기 잔에는 붉은색 포도주가 따라져 있었다.

　우리가 앉아있는 작은 발코니 바로 아래 포도주 저장고의 현관에는 백열전구가 깜박이고 나뭇잎 사이로는 오래된 회양목들이 보였다. 황동색 놋쇠가 전구의 불빛에 반짝거렸다. 작은 포도주 잔을 앞에 놓은 남자의 무릎에 호른이 놓여 있었다. 그는 호른을 입에 대고 불 준비를 하였다. 그 옆에 있는 사람은 모습이 잘 보이지 않았는데 베이스 트럼펫을 잡고 있었다. 그들이 연주를 시작할 때 또 다른 악기 소리가 들렸는데 부드러운 음색으로 보아 파곳으로 추측되었다. 그들은 조용하고 절제된 소리를 내면서 연주했다. 그들이 앉아있는 곳은 작은 현관으로 듣는 사람이 거의 없다는 것을 알기 때문일 것이다. 그들의 차

분한 연주는 소박하고 경쾌하였으며 진지하였다. 감동적이고 유머러스했다. 박자가 정확하기는 했지만 소리가 아주 맑지는 않았다. 그 소리의 색깔은 우리가 마시는 포도주 색과 같이 악의 없고 신뢰할 만하며 지나치게 자극적이지 않고 술책을 부리지 않았다.

우리가 음악소리를 듣고 내려다보려고 앉았던 좁은 의자에서 몸을 돌려 앉자 곧 춤을 추는 사람들이 나타났다. 창고 앞에 조금 남아 있는 낮의 햇빛과 현관에서 새어나오는 백열등 불빛 속에 세 쌍이 춤을 추었다. 우리는 회양목 나무들 사이로 그들을 보았지만 그들은 나무 때문에 우리를 보지 못했다. 첫 번째 쌍은 두 명의 소녀들로 하나는 열두 살이고 다른 하나는 일곱 살이었다. 그 중 큰 아이는 검은색 치마를 입고 검은색 스타킹과 검은색 신발을 신어 온통 검은색이었다. 작은 아이는 흰색 치마를 입고 스타킹도 신지 않고 신발도 신지 않았다. 열두 살짜리 아이는 춤을 아주 잘 추었다. 박자도 정확했고 진지하였다. 박자에 맞추어 정확하게 스텝을 밟아 멈추어야 할 곳에서는 정확하게 멈추었다. 얼굴은 흰색 꽃잎이 물 위에 떠가듯 아주 진지하였다. 일곱 살짜리 아이는 이제 막 춤을 배우는 단계에 있는 듯 아직 제대로 춤을 추지 못했다. 같이 춤추는 파트너의 발에서 시선을 떼지 않았다. 파트너는 춤을 리드하면서 아랫입술을 지그시 물고 있었다. 두 아이는 진지하고 행복해 보였다. 어린아이다운 모습이 그들의 춤에 묻어 있었다.

두 번째 쌍은 스무 살쯤 되어 보이는 두 명의 청년들이었다. 그 중 하나는 키가 크고 모자를 쓰지 않았으며 짧은 곱슬머리였다. 다른 하나는 머리에 털모자를 비스듬히 쓰고 있었다. 그들은 약간 웃음기를 머금고 있었지만 긴장된 모습이었다. 그들은 박자에 맞추어 정확하게 스텝을 밟고자 했을 뿐만 아니라 더 나아가 표현에도 신경을 썼다. 그들의 열정적인 춤에 목관악기를 연주하는 사람은 신이 났다. 그는 더 크고 더 감상적으로 악기를 연주했다. 두 사람은 미소를 띠고 있었다. 키가 큰 사람은 무아지경에서 행복한 표정을 짓고 자신의 춤에 도취해 세상을 초월한 사람처럼 보였다. 다른 사람은 약간 장난기가 있는 표정에 머리칼이 헝클어져 있었다.

세 번째 쌍은 루이지나와 마리아라는 두 명의 소녀였다. 나는 그 두 아이들이 이 년 전에 아직 학교에 다니는 것을 보았다. 루이지나는 남쪽 지방 출신으로 보이는데 민첩하고 아주 야위었으며 매우 가냘프게 보였다. 그녀의 길고 부드러운 다리와 길고 가는 목은 대단히 매력적이었다. 다른 아이는 마리아로 희고 훨씬 더 아름다워 보였다. 나는 얼마 전까지만 해도 마리아에게 반말을 하였는데 이제는 더 이상 그렇게 하기가 어려워 보인다. 그녀는 붉은색 뺨에 밝은 청색 눈을 가지고 있었으며 머리는 갈색이었다. 춤을 출 때의 움직임에는 처녀티가 났다. 만일 내가 그 마을 출신의 청년이라면 마리아를 사랑했을 것이다. 그녀는 빨간색 옷을 입었다. 그녀는 언제나 빨간색이나 장미색 옷을 입었다. 마리아는 루이지나와 함께 춤을 추었다. 그녀의 빨간색 옷이 회양목 잎사귀 사이로 나타났다 사라지곤 했다. 그들의 춤은 아주 아름다웠다. 그들은 행복이 넘치는 표정을 지었다. 그들은 더 이상 첫 번째 쌍의 소녀들처럼 유아적 진지함에 사로잡혀 있지도 않았고 두 번째 청년들처럼 자유분방하고 열정적이지도 않았다. 트럼펫 연주자의 부드러운 음악은 마리아와 루이지나에게 가장 잘 어울렸다. 둘의 머리 위에는 녹색 숲의 어스름이 덮이고, 이마에는 홀의 불빛이 반사되어 빛나며, 다리는 박자에 맞추어 부드럽게 움직였다.

저녁 어스름에 검은 그림자를 드리운 저 아래 나무들 뒤로는 여전히 불빛이 흐르고 있었다. 거기에는 음악이 흐르고 젊은이들이 춤을 추고 있었다. 다른 사람들은 홀의 기둥이나 나무 둥치에 몸을 기대고 춤추는 것을 보고 박수를 치며 고개를 끄덕이기도 하고 웃기도 하였다. 여기 위쪽 어두운 곳에는 이방인들이며 예술가들인 우리가 다른 빛에, 다른 공기에, 다른 음악을 들으며 앉아있다. 저기 있는 저 사람들이 주목하지 못하는 것이 우리를 감동시키고 있다. 바위 위에 비친 나뭇잎 그림자, 색이 바랜 청색 블라우스, 일곱 살짜리 아이의 무릎에 바지주름이 그것이다. 저쪽에 있는 사람들에게는 무가치하고 당연한 것이 우리에게는 관심과 부러움의 대상이다. 그러나 그들은, 우리가 오래전부터 싫증을 느끼는 그런 기묘한 것들과 관습들을 발견하고 부러워한다. 원하기만 하면 우리는 저쪽으로 건너갈 수 있다.

저 아래 내려가 그들과 합석하여 함께 노래하고 춤을 추는 것이 불가능한 것은 아니다. 그렇지만 우리는 플라타너스 나무 그늘에 앉아 세 사람이 연주하는 것을 듣고 밝은 얼굴들에 비친 불빛을 관찰하고 있다. 어스름에 비친 마리아의 붉은 얼굴을 엿보고 있으며, 저녁 어스름의 매력과 작은 시골 마을의 평화를 감사하는 마음으로 만끽하고 있다. 그들의 유희는 우리의 눈에 비친 피상적인 것일 뿐 그들의 곤궁함이 우리의 것은 아니며 그들의 행복이 우리의 것은 아니다.

저 아래 춤추는 사람들이 점점 어둠에 묻혀가는 동안 우리는 푸른색 머그잔에 장밋빛 포도주를 따라 마신다. 마리아, 그대의 빨간 옷도 빛을 잃고 어둠 속으로 묻혀 사라지고 있다. 꽃처럼 화려한 얼굴들도 희미해져 어둠 속으로 가라앉는다. 현관의 따뜻한 붉은 백열등만이 점점 강한 빛을 발하고 있다. 그 불빛마저 꺼지기 전에 우리는 그곳을 떠났다.

(1921)

고백

사랑스런 가상이여, 당신의 유희에
기꺼이 몰입하는 나를 보세요.
다른 이들은 목적과 목표를 가지는데
나에게는 살아있다는 것만으로 이미 충분합니다.

나의 감각을 자극한 모든 것이
내게는 비유처럼 보입니다.
영원하며 하나인 존재자를
나는 언제나 생생하게 느꼈습니다.

그런 상형문자를 해독하는 것은
언제나 내게 생명으로 보답합니다.
영원한 것, 본질적인 것이
바로 내 마음속에 존재함을 알기 때문입니다.

시인은 저녁에 무엇을 보았나

 남부의 한여름 태양이 석양을 붉게 물들이며 저물어 가고 있었다. 붉게 물든 산 정상에 여름의 어스름이 드리워졌다. 들판에는 농작물들이 무더위에 익어가고 있었다. 키가 크고 잘 익은 옥수수가 들판에 가득했다. 이곳저곳에는 이미 추수가 끝난 곳도 많이 있었다. 시골길의 매캐한 먼지 냄새에 섞여 달콤하고 농익은 꽃향기가 들판과 정원에서 풍겨 나오고 있었다. 짙은 초록의 들판에는 한낮의 더위가 아직 남아 있었으며, 마을 건물들의 황금빛 첨탑은 석양의 어스름에 마지막 빛을 발하고 있었다.

한 쌍의 연인이 뜨거운 길을 걸어 이 마을에서 저 마을로 가고 있

었다. 이별을 아쉬워하며 느릿느릿 한가하게 걸었다. 손을 잡기도 하고 어깨를 감싸 안기도 하면서. 하늘거리는 얇은 여름 옷을 입고 흰색 구두에 모자도 쓰지 않은 채 사랑에 취하여 걸어가고 있었다. 여자는 얼굴과 목이 희고 남자는 갈색으로 그을려 있었다. 둘은 모두 마르고 키가 컸다. 둘 다 시간 가는 줄 모르고 있었다. 남매 같았지만 아주 다르기도 하였다. 우정이 사랑으로 변하는 시간이었으며 유희가 운명이 되는 시간이었다. 그들의 웃음이 그것을 말하고 있었다. 그들은 너무 진지하여 거의 슬픔을 느낄 정도였다.

　이 시간에 두 마을 사이의 그 길을 걸어가는 사람은 아무도 없었다. 농부들은 이미 일손을 놓은 후였다. 나무들 사이로 어느 농가가 환하게 보였다. 아직도 햇빛이 남아 있는 것처럼 보였다. 길을 가던 연인들이 그 농가 옆에 서서 서로 포옹하고 있었다. 남자가 조심스럽게 여자를 데리고 나지막한 담장이 있는 길가로 갔다. 둘은 담장에 나란히 걸터앉았다. 마을에 들어가서 사람들을 만나고 싶지 않은 눈치였으며 더 이상 길을 가고 싶지도 않아 보였다. 그들은 패랭이꽃이 덮여있는 담장에 조용히 앉아 있었다. 먼지와 안개를 뚫고 아이들이 노는 소리, 엄마가 아이를 부르는 소리, 어른들이 웃으며 떠드는 소리, 낡은 피아노를 치는 소리가 마을에서 아득히 들렸다. 연인들은 서로에게 기대어 조용히 앉아 있을 뿐 아무 말도 하지 않았다. 나뭇잎이 어두워지고, 향기가 그들을 감싸고, 따뜻한 공기가 싸늘해지는 것을 함께 느끼고 있었다.

여자는 젊었다. 아주 나이가 어리고 아름다웠다. 얇은 옷에서 나온 긴 목은 가늘고 환하였으며, 폭이 넓고 길이가 짧은 소매 밖으로 나온 흰색 팔과 손은 가늘고 길었다. 그녀는 남자를 사랑했으며 그들은 아주 사랑한다고 믿었다. 그녀는 그 남자에 관해 많이 알고 있었다. 그들은 오랫동안 연인이었기 때문이다. 한 동안 그들은 그들의 아름다움과 그들의 집안에 관해서도 고려해 본 적이 있었으며, 악수하기를 주저하기도 하였으며, 짧게 장난삼아 키스를 한 적도 있었다. 그는 그녀의 친구였으며 어느 정도는 조언자이자 믿을 수 있는 친구이기도 했다. 그는 나이가 더 많았고 아는 것이 많았다. 때때로 그들은 우정의 하늘 위에서 희미한 번갯불이 번쩍일 때도 있었다. 그들 사이에는 단지 신뢰와 동료애만 있었던 것은 아니었다. 허영심도 있었고 이성 사이의 달콤한 적대감과 유혹도 있었다. 이제 그것이 다른 방향으로 불타고 있었다.

남자도 멋진 사람이었지만 소녀처럼 젊고 내적인 화려함은 없었다. 그는 소녀보다 훨씬 나이가 많았다. 그는 사랑에 실패한 적이 있었으며 불행을 당한 적도 있었다. 배를 타고 가다 파선한 적도 있었다. 그의 깡마른 갈색 얼굴에는 깊은 사색과 강한 자의식의 흔적이 뚜렷이 기록되어 있었다. 이마와 볼에는 운명의 주름살이 패여 있었다. 그러나 오늘 저녁 그는 부드럽고 헌신적으로 보였다. 그의 손은 소녀의 손을 장난치듯 만지다 팔과 목덜미를 부드럽게 스쳐 어깨와 가슴을 애무했다. 조용히 저물어가는 저녁 어스름에 소녀의 입술이 그의 얼굴로 다가올 때 오랫동안 잠자고 있던 욕정이 끓어오르기 시작했다. 그는 많은 다른 옛 연인들과도 그렇게 저녁을 보냈으며, 여인들의 어깨와 머리칼, 어깨와 엉덩이도 그의 손이 그렇게 애무했었다. 그는 지금 배우고 경험했던 것을 되풀이하고 있는 것이다. 그에게 있어 이 순간의 격정적인 느낌은 소녀의 그것과는 다른 것이다. 그 느낌이 아름답고 사랑스런 것이긴 하지만 처음 경험할 때처럼 새롭고 신성한 것은 아니었다.

그는 생각했다. 나는 이 잔도 마실 수 있다. 이 잔도 감미로운 잔이다. 이 잔도 놀라운 잔이다. 아마 나는 이 젊은 피를 더 잘 사랑할 수 있을 것이다. 어떤 녀석보다 더 노련하고 세련되게 사랑할 수 있을 것이다. 십 년이나 십오 년 전에 내가 했던 것보다 더 잘 할 수 있을 것이다. 나는 어떤 사람보다 더 감미롭고 더 영리하고 더 친절하게 그녀로 하여금 첫 경험의 문지방을 넘을 수 있게 해줄 수 있다. 나는 어떤 누구보다도 귀하고 감사하게 이 귀한 포도주를 맛볼 수 있다. 그러나 도취의 시간이 지나면 권태로움이 뒤따르게 되어있다. 첫 번째 도취의 시간이 지나면 나는 그녀가 꿈꾸는 그런 애인으로 남을 수 없다. 그녀는 내가 황홀감에서 깨어나지 않기를 바라겠지만 말이다. 나는 그녀를 흥분으로 떨게 만들 것이다. 나는 그녀가 우는 것을 볼 것이다. 그러나 나는 냉정하고 은근히 초조해질 것이다. 나는 그 순간 두려움을 가질 것이다. 이미 지금 그 순간을 두려워하고 있다. 그녀가 도취에서 깨어나 냉정을 되찾을 것이기 때문이다. 그녀의 얼굴이 더 이상 꽃처럼 아름답게 보이지 않을 것이기 때문이다. 소스라치게 놀라 잃어버린 처녀성을 후회하게 될 것이기 때문이다.

그들은 서로 몸을 껴안은 채 관능적 쾌락에 도취되어 잡초가 핀 담장에 말없이 앉아 있었다. 그들은 가끔 아주 유치한 말을 한마디씩 할 뿐이었다. 사랑해! 자기야! 애기야! 자기 나 사랑해?

그때 나뭇잎에 가려 이미 어둠이 드리우기 시작한 농가에서 한 아이가 나왔다. 작은 계집아이로 나이는 십여 세쯤 되어 보였다. 맨발에 다리는 마르고 갈색이었다. 검은색 짧은 옷을 입고 머리칼은 검고 길었으며 얼굴은 핏기가 없는 갈색이었다. 소녀는 약간 헝클어진 머리에 손에는 줄넘기를 들고 쭈뼛거리며 다가와 말없이 길에서 줄넘기를 하였다. 소녀는 재미있다는 듯이 그들이 앉아있는 곳으로 한 발짝씩 다가왔다. 그들이 있는 곳에 와서는 마치 그곳을 그냥 지나치기 싫은 듯이 더 천천히 걸었다. 불나비가 모닥불에 끌리듯 이곳에 무엇인가 마음을 끄는 것이 있는 모양이다.

키가 큰 소녀는 담장 건너편에서 친절하게 고개를 숙여 인사했다. "부오나 세라."

청년이 소녀에게 답례로 말했다. "챠오, 카라 미아."

소녀는 천천히 마지못해 그곳을 지나갔다. 그러면서도 못내 아쉬운지 오십 보 가량 걸어가서는 멈추어 섰다 다시 돌아와 연인들 옆을 지나갔다. 웃으면서 그들을 쳐다보며 농가의 마당으로 들어갔다. 남자가 말했다.

"참으로 귀여운 꼬마야!"

시간이 좀 더 지나고 어두움이 약간 더 짙어졌다. 그때 소녀가 다시 대문에서 나왔다. 잠시 서서 조심스레 길을 살피다 담장과 연인들을 자세히 살폈다. 그러다 갑자기 맨발로 길을 따라 빠르게 달려갔다 다시 돌아와 대문 앞에 섰다. 그렇게 하기를 세 번이나 되풀이 했다.

연인들은 소녀가 뛰는 모습을 말없이 지켜보았다. 짧은 치마가 가는 다리에 휘감기면서 뛰는 모습을 지켜보았다. 연인들은 소녀가 이렇게 뜀박질하는 것이 그들에게 보이려는 것임을 알았다. 소녀는 그들에게서 어떤 매력이 발산함을 느꼈을 것이며 나름대로의 사랑과 환희를 느꼈을 것이다.

소녀의 달리기는 이제 춤으로 바뀌었다. 몸을 이리저리 흔들면서 발걸음을 옮겨 그들 가까이로 왔다. 저녁에 한길에서 작은 꼬마 아이가 홀로 춤을 추었다. 소녀의 춤은 사랑을 구하는 것이었다. 소녀의 춤은 미래에 대한, 사랑에 대한 노래이자 기도였다. 소녀는 진지하고 헌신적으로 제祭를 지낸다. 이리저리 몸을 흔들다 어두운 뜰 안으로 모습을 감추었다.

여자가 말했다. "우리에게 반했나봐."

"꼬마도 사랑을 느꼈나보군."

남자는 입을 다물었다. 그는 생각했다. 아마 이 소녀는 그렇게 춤을 추면서 앞으로 경험하게 될 어떤 것보다 더 아름답고 더 완전한 사랑을 경험했을 것이다. 아마 우리 둘도 지금 이미 최선의 진지한 사랑을 맛보았을 것이다. 앞으로 경험하게 될 것은 지금 경험한 것의 여운에 불과할 것이다.

남자는 일어나 담장에서 애인을 일으켜 세웠다. 남자가 말했다.

"늦었어. 가봐야 되겠어. 저기 갈림길까지 바래다줄게."

그들이 대문을 지나갈 때 농가와 뜰은 잠자는 듯 조용했다. 대문 위에는 석류꽃이 피어 저물어가는 밤에 그의 붉음을 화려하게 뽐내고 있었다.

그들은 서로를 껴안은 채 갈림길까지 걸었다. 헤어지면서 키스를 하고 각자 돌아서 갔다. 가다가 다시 돌아와 키스를 했다. 키스는 행복을 주지 못했다. 갈증을 더하게 할 뿐이었다. 여자가 급히 가기 시작했다. 그는 오랫동안 그녀의 뒤를 바라보고 서 있었다. 이 순간과 과거의 한 장면이 떠올랐다. 다른 여자와 밤에 이별하면서 나누었던 키스가 생각났다. 다른 여자의 입술과 다른 여자의 이름이 떠올랐다. 그는 감상에 젖어 집으로 돌아간다. 별들이 나무 위에서 쏟아져 내린다.

그날 밤 잠을 이루지 못하고 이런 결론에 도달했다. 과거를 떠올린다는 것은 무익하다. 앞으로도 많은 여인들을 사랑할 수 있을 것이다. 앞으로도 여러 해 동안 나의 눈은 밝고 나의 손은 부드러우며 나의 키스는 여자들에게 매력적일 것이다. 그리고는 이별해야 한다. 내가 오늘은 이렇게 자발적으로 이별할 수 있지만 언젠가는 실패와 절망 가운데 이별을 당해야 한다. 오늘 승리하고 내일 포기해야 한다면 그것은 여전히 치욕일 뿐이다. 그러므로 나는 이미 오늘 포기해야 한다. 오늘 이미 이별해야 한다.

나는 오늘 많은 것을 배웠다. 그리고 아직도 많은 것을 배워야 한다. 조용히 춤을 추며 우리를 기쁘게 해주었던 소녀로부터 배워야 한다. 연인들을 보았을 때 소녀의 가슴속에는 사랑이 꽃피었다. 소녀의 피속에는 때 이른 쾌락의 물결이 흘렀을 것이다. 소녀는 춤을 추었다. 아직 사랑할 수 없기 때문이다. 나도 춤을 배워야 한다. 정욕을 음악으로 승화시켜야 하며 감성을 기도로 승화시켜야 한다. 그러면 언제나 사랑할 수 있을 것이다. 그러면 더 이상 과거를 불필요하게 떠올리지 않아도 될 것이다. 나는 이 길을 갈 것이다.

(1924)

꽃가지

꽃가지가 바람에 흔들린다.
끝없이 이리저리
내 가슴이 아이처럼 설렌다.
끝없이 위 아래로
밝은 날과 어두운 날 사이에서
의지와 좌절 사이에서

꽃이 떨어지고
가지에 열매가 맺힐 때까지.

유년시절 싫증난 가슴이
조용히 고백할 때까지
격정적인 인생의 유희가
재미있었고 헛되지 않았다.

수채화

정오 무렵의 날씨를 보고 이미 나는 오늘 저녁에는 그림을 그리기에 좋겠다고 생각했다. 며칠 동안 계속해서 바람이 불었다. 저녁에는 언제나 구름 한 점 없이 맑았지만 오전에는 구름이 잔뜩 끼어 있었다. 벌써 약하지만 약간은 탁한 공기가 느껴졌다. 나는 부드럽고 꿈을 꾸는 이런 날씨를 잘 안다. 저녁이 되어 태양이 석양에 기울게 되면 날씨는 아주 좋아질 것이다. 물론 그림을 그리기에 좋은 날씨는 다른 날들도 얼마든지 많이 있다. 어떤 날씨에도 그림을 그릴 수는 있다. 비가 오는 날에도 그림을 그릴 수 있고, 여기서 몇 시간이나 떨어진 마을의 창문을 볼 수 있을 정도로 맑은 날 오전에도

그림을 그릴 수 있다. 그러나 오늘 같은 날은 특별한 날이다. 이런 날에는 그림을 **그릴 수** 있는 것이 아니라 그림을 **그려야** 한다. 오늘 같은 날은 녹색 배경에 붉은 점이나 황토색 점이 아주 선명하게 보이며, 포도원의 지주목이 그림자를 드리우고 사색하듯이 명상에 잠겨서 있으며, 가장 짙은 그늘에서도 모든 색이 분명하고 진하게 드러나기 때문이다.

어린 시절 휴가 기간 동안 그런 날씨를 경험한 적이 있다. 물론 그때는 그림을 그린 것이 아니라 낚시질을 했다. 낚시질하기에 적당하지 않은 날에도 낚시질을 할 수는 있다. 그러나 적당하게 바람이 불고 습도가 적절하며 구름이 적당히 끼어 그늘이 생기는 날이 낚시질하기에는 가장 좋은 날이다. 그런 날 오전에 이미 나는 오후가 되면 다리 아래 잉어가 몰려들고 저녁에는 모직공장 옆에 농어가 잡힐 것을 정확하게 알 수 있다. 그후 세계는 많이 변했으며 나의 삶도 변했다. 어린 시절 그렇게 낚시질하는 날의 기쁨과 충만한 행복감이 먼 옛날의 추억 속으로 사라지고 거의 믿을 수 없는 것이 되어 버렸다. 그러나 인간 자체는 거의 변하지 않았다. 인간은 어떤 종류이든 기쁨을 가지고자 하며 놀이를 즐기고자 한다. 그래서 나는 요즈음 낚시질 대신 수채화를 그린다. 날씨가 그림을 그리기에 적당하다고 생각이 되면 무디어진 가슴에도 어린 시절 휴가 때의 기쁨이 아스라이 되살아나는 것을 느낀다. 무엇보다 여름만 되면 나는 그런 날들을 고대하며 기다린다.

　오후 늦게 그림도구를 챙겨 배낭에 메고 작은 접이의자를 손에 들고 정오 무렵 이미 물색해 놓은 곳에 자리를 잡고 앉았다. 우리 마을 위에 가파른 언덕이 있는데, 전에는 그곳에 밤나무 숲이 있었지만 지난 겨울에 전부 벌목되었다. 거기 아직 냄새가 가시지 않은 나무 그루터기들 사이에서 나는 이미 여러 차례 그림을 그린 적이 있다. 여기서 보면 우리 마을의 동쪽이 보인다. 나무를 기와로 하여 덮은 어둡고 낡은 지붕들이 보이며 지붕을 새로 교체한 집도 몇 채 보이며 투박한 담장들의 모서리들도 보인다. 그 사이에는 온통 나무와 정원들이 있으며 여기저기 형형색색의 빨래들이 바람에 휘날리는 것이 보인다. 저 멀리에는 커다란 푸른색 산줄기가 끝없이 이어져 있는데, 산 정상은 장밋빛으로 물들어 있고 산자락 그늘은 보랏빛을 띠고 있다. 그 산맥 바로 아래는 호수가 하나 있고 밝고 희미한 빛으로 깜박이는 몇 개의 작은 마을들이 있다.

　나는 두 시간 가량 여유가 있었다. 그러는 동안 태양은 천천히 기울어지고 마을들과 담장들 위에 비친 햇빛이 서서히 따뜻해지고 깊어져 황금색으로 변해갔다. 스케치를 시작하기 전에 한동안 전체 경치를 다시 한 번 살펴보았다. 저 멀리에는 산골짜기들이 주름처럼 겹쳐있고, 바로 앞에는 나무를 벤 곳에 아직 밝은 색이 채 가시지 않은 그루터기들이 있었다. 그루터기들에는 벌써 녹색의 새 가지들이 상당히 높이 웃자라 있었다. 그루터기들 사이로는 붉은색 땅과 반짝이는 바위가 있었고 장마철에 깊이 패인 물줄기들이 나 있었다. 다음에는 담장들, 합각머리, 지붕들이 옹기종기 모여 있는 작고 따뜻한 우리 마을을 관찰했다. 마을의 모든 선과 면을 나는 오랫동안 수없이 눈으로 익혔고 연필로 스케치했었다. 전에는 진한 갈색이었던 커다란 지붕이 붉은 산화철 안료로 다시 색칠된 집이 있었다. 지붕 아래 넓고 탁 트인 발코니가 있고 가을이 되면 황금빛 옥수수 다발들이 걸려있는 지오바니의 집이었다. 지오바니가 지금 그 집의 커다란 지붕을 새로 색칠했다. 몇 달 전에 그 마을에서 가장 고령이었던 그의 아버지가 죽고 재산을 상속받아 부자가 되었다. 그가 집을 고치고 새로 색칠을 한 것이다. 저 멀리에는 키가 작은 카바디니의 집이 적어도 한쪽 면은 새로 색칠되어 있었다. 카바디니는 결혼하고 싶어 하는 키가 작은 녀석인데 정원 쪽으로 새로 문을 냈다.

집을 가지고 있는 사람들도 있고 집을 짓는 사람들도 있다. 결혼하여 아이를 낳는 사람들이 있고 저녁이면 문 앞에 앉아 담배를 피는 사람들도 있다. 일요일이면 그로티에 가 잔디에 공을 굴리는 보카치 놀이를 하는 사람들도 있고 마을 지도자로 선출되는 사람들도 있다. 이 모든 집들은 누군가의 소유물이며 누군가에 의해 건축되었다. 누군가가 그 안에 살며 먹고 잠자고 아이들이 자라는 것을 본다. 돈을 벌거나 빚을 진다. 모든 정원들, 모든 나무와 잔디, 모든 포도원과 월 계수나무 그리고 모든 밤나무 숲도 누군가의 소유이며 상속되고 기쁨을 주기도 하고 염려하게 만들기도 한다. 학생들은 새로 지은 커다란 학교에 가 필요한 것을 배우며 여름에는 석 달 동안 방학을 즐긴다. 학교를 졸업하면 용감하고 탐욕스럽게 생활전선에 뛰어들어 집을 짓고 결혼한다. 담장을 헐어내고 나무를 가꾸고 빚을 지고 아이들을 학교에 보낸다.

이 사람들이 그들의 집과 정원에서 보는 것을 나는 보지 못하거나 거의 보지 못한다. 지하실에 물이 차든 지붕 아래 창고에 쥐가 들끓든 굴뚝이 제구실을 하든 말든 정원에 잡초가 자라든 나는 개의치 않는다. 그런 것들에 조금도 염려하지 않는다. 그러나 내가 여기 우리 마을에서 보는 것을 그 사람들은 보지 못한다. 저 아래 희미하고 부서지기 쉬운 회벽이 하늘에서 푸른 색조를 받아 땅 위에 반사시킨다는 것은 아무도 모른다. 합각머리의 퇴색한 장밋빛이 바람에 나부끼는 녹색 함수초들 사이에서 얼마나 부드럽고 따뜻하게 웃고 있는지 아무도 모른다. 짙푸른 산을 배경으로 그 앞에 서 있는 집의 어두운 황갈색이 얼마나 우람하고 탄력 있는지 아무도 모른다. 신다코의 정원에 있는 실측백나무가 잔잔하게 흔들리는 나뭇잎의 물결과 겹쳐 얼마나 기묘한 풍경을 연출하는지 아무도 모른다. 바로 이 시간에 색깔들이 연주하는 음악은 가장 순수하고 긴장된 분위기를 가지게 한다는 사실을 아무도 모른다. 저 아래 조개처럼 움푹 패인 계곡에서

황혼의 햇살을 받아 황금빛 안개가 뭉게뭉게 피어오르고 그 안개 때문에 저편 산들은 아득히 멀게 느껴진다는 사실을 아무도 모른다. 집을 짓고 집을 헐며 숲에 나무를 가꾸고 벌목하고 창문에 색칠을 하고 정원에 씨를 뿌리는 사람들이 있어야 한다면 나처럼 이 모든 것을 구경하고 이 동네의 담장들과 지붕들을 사랑스런 마음으로 눈과 마음에 담아 그림을 그리려고 하는 사람도 있어야 할 것이다.

나는 결코 훌륭한 화가가 아니다. 단지 그림 그리기를 좋아하는 아마추어 미술 애호가일 뿐이다. 그러나 이 넓은 계곡에서 계절에 따라 변하고 날씨와 시간에 따라 변하는 풍경들, 구불구불 펼쳐진 지형, 강변의 형태들, 푸른 초원에 있는 상쾌한 산책길을 나처럼 잘 알고 사랑하며 소중히 가슴속에 간직하고 있는 사람은 단 한 사람도 없다. 나는 그것들을 가슴속에 간직하고 그들과 함께 살아간다. 게다가 밀짚모자를 쓰고 등에 배낭을 메고 손에는 접이의자를 들고 언제나 이 포도원들과 숲 언저리를 돌아다니며 감시하는 화가도 있다. 그 사람을 보고 아이들은 언제나 킥킥거리며 웃는다. 때로 그 화가는 다른 사람들이 집과 정원을 가꾸고 아내와 아이들과 함께 즐겁게 지내며 기뻐하기도 하고 근심하기도 하는 것을 부러워하기도 한다.

흰 도화지 위에 연필로 스케치하고 팔레트를 꺼내어 물을 따랐다. 붓에 물을 듬뿍 묻혀 약간의 황색 안료를 섞은 다음 내 그림에서 가장 밝게 그려야 할 부분에 칠했다. 저기 가장 아래쪽의 물이 오른

무화과나무 위에 밝게 빛나는 합각머리가 바로 그 부분이다. 지금 나는 더 이상 지오바니에 관해 아무것도 알지 못하며 마리오 카바디니에 관해서도 전혀 아는 바가 없다. 나는 그들을 부러워하지 않으며 그들이 염려하는 것이 무엇이든 관심이 없다. 그들이 내게 관심이 없듯이 말이다. 단지 나의 최대 관심사는 어떻게 하면 녹색과 회색을 극복할 수 있을까 하는 것이다. 그래서 나는 저 멀리 있는 산을 그릴 때 그 위에 물을 덧칠하고, 녹색 나뭇잎 사이에는 붉은색 반점을 톡톡 찍고, 그 사이에 푸른색 반점을 톡톡 찍는다. 내가 아주 신경을 쓰는 부분은 마리오의 붉은색 지붕 아래 있는 그늘이다. 그늘진 담장 위에 있는 둥그런 뽕나무의 황록색을 어떻게 표현할 것인가 하는 것도 고민이다. 저녁시간 동안 우리 마을 사람들이 저녁식사를 하고 있는 이 짧은 시간동안 나는 더 이상 다른 사람들의 삶을 관찰하고 구경하지 않는다. 나는 그것을 부러워하지 않으며 판단하지 않는다. 나는 그들의 삶에 관해 아무것도 모른다. 나는 부지런히 나의 작업을 할 뿐이고 나의 유희에 심취할 뿐이다. 다른 사람들이 그들의 일에 열중하고 유치하고 용감하듯이 말이다.

(1926)

● 그림을 그리는 헤세

색의 마술

신의 숨결이 도처에서 느껴진다.
하늘 위에서도, 하늘 아래서도.
빛은 천 겹의 노래를 읊조린다.
신은 다채로운 색깔들로 세상을 채색한다.

흰색은 검은색으로, 따뜻함은 차가움으로
언제나 새로 바뀌었음을 느낀다.
영원히 혼돈으로부터
새로이 무지개가 환하게 밝아온다.

수없이 고통과 환희의 경험을 되풀이 하는
우리의 영혼을 통해서도
신의 빛은 창조하고 어루만진다.
우리는 그를 태양으로 찬양한다.

여름과
가을 사이

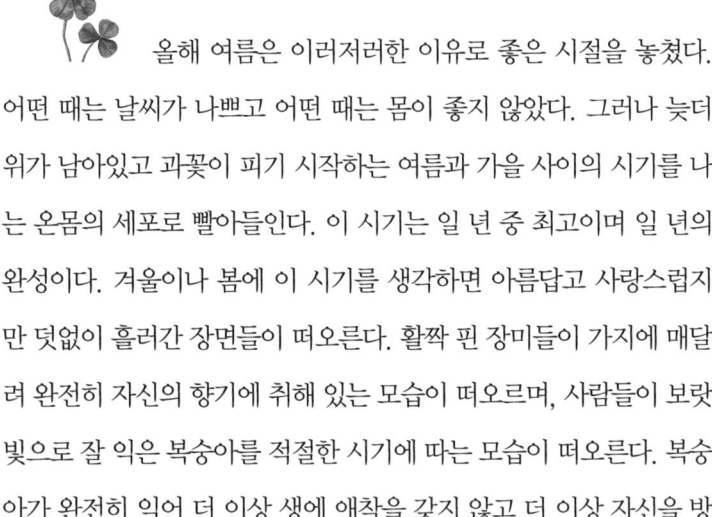

올해 여름은 이러저러한 이유로 좋은 시절을 놓쳤다. 어떤 때는 날씨가 나쁘고 어떤 때는 몸이 좋지 않았다. 그러나 늦더위가 남아있고 과꽃이 피기 시작하는 여름과 가을 사이의 시기를 나는 온몸의 세포로 빨아들인다. 이 시기는 일 년 중 최고이며 일 년의 완성이다. 겨울이나 봄에 이 시기를 생각하면 아름답고 사랑스럽지만 덧없이 흘러간 장면들이 떠오른다. 활짝 핀 장미들이 가지에 매달려 완전히 자신의 향기에 취해 있는 모습이 떠오르며, 사람들이 보랏빛으로 잘 익은 복숭아를 적절한 시기에 따는 모습이 떠오른다. 복숭아가 완전히 익어 더 이상 생에 애착을 갖지 않고 더 이상 자신을 방어하지 않을 때, 우리가 복숭아를 건드리기만 해도 바로 우리 손에 떨어지는 때 말이다. 그리고 삶과 사랑의 능력이 최고조에 이른 아름다운 어느 여인의 모습이 떠오른다. 그 여인의 침착한 걸음걸이와 그녀의 성숙함과 지식에 어울리는 움직임 그리고 인생의 무상함에 조용히 순응하는 여인의 모습이 떠오른다.

최대한 9월 중순까지 계속될 수 있는 이 시기에, 잎이 마르고 포도가 푸르게 익어가기 시작하는 늦여름, 밤이 되면 수많은 작은 나방들과 딱정벌레들이 내 작업실의 램프에 윙윙거리며 가물가물 몰려든다. 아침이 되면 정원의 커다란 거미줄에 맺힌 이슬방울들이 이미 가을의 정취를 풍기며 희미하게 빛나지만 한 시간이 지나면 땅과 식물들이 소리 없이 달아오르는 열기에 수증기를 발산한다. 내가 어려서부터 특히 좋아했던 여름과 가을 사이에 나는 자연의 세미한 소리를 들을 수 있는 감수성을 가지게 되며 화려한 색깔의 조화에 호기심을 가지며 아주 사소한 것일지라도 사냥꾼처럼 예민하게 관찰한다. 때 이르게 시든 포도나무 잎이 햇빛에 말라 오그라드는 모습, 황금빛 작은 거미가 거미줄을 타고 흔들거리며 새털처럼 부드럽게 나무에서 내려가는 모습, 도마뱀이 양지바른 곳에 쉬면서 햇볕을 쬐기 위해 몸을 바위에 최대한 밀착시키는 모습, 한 떨기 담홍색 장미가 가지에서 소리 없이 떨어지자 가벼워진 가지가 약간 튀어 오르는 모습들을 관찰한다. 이 모든 것들이 어린 시절 그랬던 것처럼 다시 한 번 민감하고 중요하게 느껴진다. 지나간 여러 해 여름에 경험한 무수히 많은 장면들이 다시 되살아난다. 어떤 장면들은 선명하게 기억되고 어떤 장면들은 희미하다. 잠자리채와 식물채집통을 들고 다니던 어린 시절의 기억, 부모님과 함께 산책하던 장면과 누이의 밀짚모자에 달린 수레국화, 흔들리는 다리에서 요란한 소리를 내며 흐르는 계곡물을 내려다보던 기억, 암벽 위에서 흔들리는 패랭이꽃, 이탈리아식 별장들의 벽에서 담홍색 꽃이 핀 야생 올리브 나무, 슈바르츠발트의 고원 지대에 덮인 푸르스름한 안개, 보덴 호수에서 정원 담장들이 찰싹거리는 물 위에 걸려있는 모습, 그 담장들에 핀 과꽃, 수국, 제라늄이 부서지는 수면에 비친 모습을 바라보던 기억. 여름과 가을 사이에 경험한 수많은 장면들이 기억나지만 모든 것에 공통적인 것은 누그러진 더위, 성숙의 향기, 복숭아의 부드러운 솜털, 완숙한 여인의 아름다움과 약간은 의도적인 그 여인의 우수 등이다.

　이 시기에 시골 마을과 전원을 거닐다 보면 농가들마다 푸른색과 보라색의 가지들에 꽃이 피어있고 정원 마당에는 붉은색 꽃잎이 떨어져 있는 것을 발견한다. 포도나무 잎에는 연한 청동색으로 가을의 색이 물들기 시작한다. 아직 녹색의 기운이 남아있기는 하지만 포도송이는 청색으로 익어가기 시작하고 이미 진한 청색으로 변해 단맛이 나는 포도송이들도 많이 있다. 들판에는 드문드문 있는 아카시아 나무의 고상한 청록색에서 시든 가지의 누런 얼룩이 마치 가을을 알리는 뿔나팔 신호처럼 들린다. 밤나무 아래는 아직 설익어 가시가 녹색인 밤이 여기저기 떨어져 있다. 질긴 녹색의 가시가 덮인 껍질은 까기가 어렵다. 밤나무의 가시는 부드럽게 보이지만 잘못 만지면 손을 찔리기 쉽다. 작지만 거친 열매가 그의 생명이 위협을 당할 때 강하게 저항하는 것이다. 그리고 그 열매의 껍질을 벗겼다 할지라도 아직 덜 익어 떫은맛이 난다.

　이 시기의 날씨가 무덥기는 하지만 나는 밖으로 나가는 날이 많다. 이런 아름다움이 얼마나 빨리 사라지고 얼마나 갑자기 성숙함이 시들어 버리게 될지 잘 알기 때문이다. 늦여름의 아름다움을 놓치고 싶지 않아 붙들어 놓고 싶다. 나는 여름의 풍성함이 우리의 감각기관에 제공해 주는 모든 것을 단순히 보고 느끼고 냄새맡고 맛보고 싶어 하는 것이 아니다. 내가 원하는 것은 그 모든 것들을 남김없이 보존하는 것이다. 그것들을 겨울에도, 다음 해에도, 늙어서까지 잊지 않고 보존하는 것이다. 그런 것들을 보면 갑자기 소유욕에 사로잡히고 만다. 그밖에는 그렇게 소유하고 싶어 하는 것이 없다. 나는 포기가 빠르며 주기를 좋아한다. 그러나 이 시기에는 내가 경험하는 모든 것들을 남김없이 소유하려는 욕심에 병적으로 사로잡힌다. 이런 욕심에 대해 가끔 웃음이 나오곤 한다. 정원에서, 발코니에서, 풍향계 밑에 있는 작은 탑 위에 매일 여러 시간동안 꼼짝하지 않고 앉아있다 갑자기 부산하게 연필과 펜, 붓과 물감을 가지고 풍성한 초

가을의 다채로운 풍경들을 그린다. 정원 계단에 드리워진 아침의 그늘과 나선형으로 감아 올라간 굵은 등나무를 꼼꼼하게 그린다. 숨결처럼 가늘지만 보석처럼 빛나는 저녁 산들의 아득한 색깔들을 그대로 표현하고자 한다. 그리고 지쳐서 집으로 돌아온다. 아주 고단하다. 낮에 그린 그림들을 저녁에 탁자에 펼쳐 놓으면 그 풍성한 자연 경관에 비해 내가 그린 것이 얼마나 보잘것없는 것을 확인하고 슬픔에 잠기게 된다.

저녁으로 과일과 빵을 먹고 어슴푸레 어둠이 드리우는 방에 앉으면 곧 어둠이 밀려온다. 일곱 시도 되지 않아 불을 켜야 할 때도 있고 어떤 때는 더 일찍 불을 밝혀야 할 때도 있다. 어떤 때는 사람들이 어둠과 안개, 추위와 겨울에 익숙하게 될 것이고 따라서 어떻게 세상이 한 때 그렇게 밝고 완전했는지 더 이상 거의 알 수 없을 것이다. 그런 다음 생각을 바꾸기 위해 십오 분 동안 책을 읽는다. 그러나 이 시기에 나는 단지 좋다고 생각하여 선별된 책만 읽을 수 있다.

방 안은 어두워지지만 밖은 아직 낮의 여명이 남아 있을 때 나는 일어나 발코니로 나간다. 그곳에 서면 카스타그놀라와 간드리아, 산마메테 맞은편에 기와가 덮여있고 담쟁이 넝쿨이 무성한 담장들이 보이며, 살바토레 뒤편에는 몬테 게네로소가 장밋빛으로 시들어가고 있는 것이 보인다. 저녁 시간의 이런 행복은 십 분이나 십오 분 동안 이어진다.

팔걸이 의자에 앉는다. 사지가 피곤하고 눈이 피곤하지만 지루하거나 짜증이 나지는 않고 오히려 감수성이 충만하게 된다. 편안히 쉬면서 아무런 생각도 하지 않는다. 아직 태양의 열이 남아있는 발코니에는 마지막 저녁 빛을 받으며 몇 그루의 꽃이 서 있다. 꽃잎이 천천히 낮에게 작별을 고하며 저녁 햇살에 희미하게 반사되고 있다. 한쪽에는 황금빛 가시를 가진 커다란 선인장이 약간 시들은 모습으로 외로이 서 있다. 그 선인장은 아주 외로워 보인다. 이 동화나무는 내 애인이 선물한 것으로 지붕 발코니에서 가장 좋은 자리를 차지하고 있다. 선인장 옆에는 산호처럼 생긴 푸크시아들이 웃고 있으며 페튜니아의 보랏빛 꽃받침들이 어둡게 빛나고 있다. 패랭이꽃, 살갈퀴, 백합과 별꽃은 이미 시든지 오래됐다. 꽃잎이 어두워지면서 꽃의 색깔은 오히려 더 강렬하게 빛난다. 꽃들은 몇 분 동안 대성당의 유리창처럼 그렇게 강렬하게 빛난다. 그런 후 꽃들의 색깔은 서서히 희미해진다. 단 한 번의 위대한 죽음을 준비하기 위해 일상의 작은 죽음을 받아들인다. 어느덧 해가 넘어가고 꽃의 녹색이 검게 바뀐다. 꽃들의 붉은색과 노란색이 희미해진다. 때늦게 나비 한 마리가 그 꽃들에 날아오는 경우도 흔하다. 꿈꾸는 듯 붕붕거리며 날갯짓을 하는 몽상가이다. 그러나 곧 작은 저녁의 매력은 지나갔다. 저 멀리 보이는 산들이 갑자기 어두워져 무겁게 느껴진다. 아직 별이 보이지 않는 연록의 하늘에서 박쥐들이 날개를 펄럭이며 황급히 날아왔다 사라진다. 저 아래 깊은 계곡에는 한 남자가 흰색 셔츠를 입고 잔디밭을 이리저리 다니며 잔디를 깎고 있다. 마을 변두리의 한 농가에서 피아노를 치는 소리가 바람을 타고 꿈꾸는 듯 희미하게 들린다.

방으로 돌아와 불을 밝히면 커다란 그림자 하나가 방 안에서 이리저리 날아다닌다. 한 마리 커다란 나방이 전등 위의 녹색 유리 갓 주위를 조용하고 황급하게 날아다니다 갓 위에 앉아 길고 좁은 날개를 접고 솜털이 난 가느다란 더듬이로 주위를 더듬고 있다. 나방의 검고 작은 눈이 반짝거리며 빛난다. 나방의 날개 위에는 대리석처럼 다양하고 섬세한 무늬가 보인다. 거기에 온갖 희미한 색깔들, 갈색과 회색, 시들어가는 나뭇잎들의 온갖 색조들이 교차되고 있다. 내가 일본 사람이라면 조상들로부터 이런 색깔들과 색깔들의 조합을 정확하게 표현할 수 있는 능력을 물려받아 그것들을 일일이 이름붙일 수 있을 것이다. 그러나 그렇다 할지라도 그 색의 조화를 모두 표현하기에는 부족할 것이다. 상징과 그림, 사색과 글이 이런 것들을 표현하기에 부족하듯이 말이다. 나방 날개의 적갈색, 보라색과 회색 표면에는 창조의 모든 비밀과 모든 매력, 모든 재앙이 표현되어 있다. 그 비밀은 수천의 얼굴을 가지고 우리에게 다가온다. 그 비밀이 섬광처럼 비쳤다 다시 사라진다. 그러나 그 비밀의 아무것도 잡을 수는 없다.

(1930)

• 헤세가 펜으로 그린 클링소의 정원

 봄

어스름한 동굴에서
나는 오랫동안 꿈을 꾸었다
그대의 나무들과 푸른 공기들
그대의 향기와 새의 노래를.

지금 그대의 모습이
광휘에 싸여
빛나는 모습으로
내 앞에 경이롭게 펼쳐진다

그대가 나를 다시 알아보고
나를 부드럽게 유혹한다.
내 온몸에서 떨리고 있다
그대의 환희에 넘치는 현재가.

오월, 너도밤나무 숲에서

 오월 초와 늦가을이 남유럽의 산간지역에서는 가장 아름다운 계절이다. 모든 언덕과 낮은 산은 여름 내내 무성한 숲을 이룬다. 이 무렵은 어디를 가나 녹색 천지이다. 그 사이에 드문드문 마을들이 있고 먼 곳에 눈 덮인 산들이 우뚝 솟아 있지 않다면 단조롭기 짝이 없을 것이다. 그런데 너도밤나무 잎이 나기 시작하고 아직 숲에 나뭇잎이 우거지지 않은 지금, 야생 앵두나무들이 마지막 꽃을 피우고 아카시아 나무들이 꽃을 피우기 시작하는 지금 신선하고 연분홍으로 물들기 시작하는 녹색의 남유럽 숲은 환상적이다. 숲의 나뭇잎들은 아직 아주 연한 녹색이어서 그 사이로 하늘과 별, 먼 산들

을 훤하게 볼 수 있다.

이 무렵 숲의 왕은 뻐꾸기이다. 이 무렵에는 어디를 가나 뻐꾸기 소리를 들을 수 있다. 조용하고 한적한 골짜기와 양지바른 언덕 위에서도 들을 수 있고 그늘진 골짜기에서도 뻐꾸기의 깊은 소리가 울려 퍼지는 것을 들을 수 있다. 그의 울음소리는 봄이 왔음을 의미한다. 그의 노래는 불멸성을 노래한다. 따뜻한 저음의 소리가 이 숲에서 저 숲으로 메아리친다. 그의 노래 소리는 여기 알프스 남쪽에서도, 전에 내가 어렸을 때 슈바르츠발트와 라인강 언덕에서 들었던 것과 다르지 않다. 그 소리는 전에 나의 아이들이 처음 보덴 호수에서 들었던 그 뻐꾸기 소리와 다르지 않다. 태양이 여전하고 숲과 연한 나뭇잎의 녹색이 여전하고 흘러가는 오월의 구름이 여전히 흰색과 보라색이듯이 뻐꾸기의 그 소리도 여전히 변하지 않았다. 해마다 뻐꾸기는 운다. 올해 우는 뻐꾸기가 작년에 울던 뻐꾸기인지 아닌지는 아무도 모른다. 우리가 어렸을 때 들었던 뻐꾸기들과 소년시절 들었던 뻐꾸기들, 청년시절 들었던 뻐꾸기들이 지금 어떻게 되었는지는 아무도 모른다. 친근한 저음의 뻐꾸기 소리가 전에는 예언과 미래처럼 들렸고 사랑을 구하는 소리처럼 들렸는데 지금은 과거처럼 들린다. 뻐꾸기가 우리에게 경고하느냐 아니면 이미 우리의 아이들과 손자들에게 경고하느냐 하는 것은 뻐꾸기에게 중요하지 않다. 그가 요람에 누워 있는 우리를 소리쳐 깨우든 아니면 우리의 무덤 위에서 노래하든 그

것은 뻐꾸기에게 중요하지 않다. 우리는 부끄러움을 많이 타는 우리의 형제 뻐꾸기를 거의 보지 못한다. 그래서 나는 그를 사랑한다. 그는 쉽게 모습을 드러내지 않는다. 그는 혼자 머물고 싶어 한다. 대부분의 사람들에게 뻐꾸기는 이렇게 숲에서 우는 아름다운 저음의 매력적인 소리에 불과하다. 그들은 뻐꾸기 우는 소리를 수없이 많이 들었지만 뻐꾸기를 본 적은 없다. 나는 어제 열두 살쯤 된 초등학교 학생들 여러 명에게 뻐꾸기를 본 적이 있느냐고 물어 보았다. 그 중에서 단 한 아이만이 본 적이 있다고 대답했다.

나는 수줍어하는 나의 형제이자 숲의 친구인 뻐꾸기를 종종 본 적이 있다. 대부분의 사람들은 그를 보지 못했다. 그래서 사람들은 그에 관해 근거 없는 이야기들을 많이 지어낸다. 그렇지만 뻐꾸기는 보이지 않는 곳에서 두 달 동안 왕처럼 온 숲을 지배한다. 열렬한 사랑의 전도사인 그는 결혼과 고향, 육아를 중요하게 생각하지 않는다. 나의 형제 뻐꾸기여 더 멀리 울어라. 너는 내가 가장 사랑하는 짐승들 중 하나이다. 그렇다. 나는 모든 짐승들을 좋아한다. 물론 나 자신도 야생 짐승들 중 하나이다. 나는 모든 짐승들과 잘 지낸다. 나는 많은 짐승들을 알며 많은 짐승들에게서 즐거움을 가진다. 사람들이 꺼려하고 잘 알지 못하는 짐승들에게서도 즐거움을 느낀다. 심지어는 작고 겁이 많고 파렴치한 고산지대의 여우*(「Hochland」(고산지대)의 편집장인 프리드리히 푹스(F. Fuchs)를 풍자적으로 표현한 말이다.)도 나를 피해 도망가지 않는다. 오늘 나는 다시 한 번 뻐꾸기를 보는 행운을 가졌다. 그것도 한 마리가 아니라 암컷과 수컷 한 쌍이었다. 나는 골짜기에서 봄꽃을 뜯다 그들을 보았다. 나는 한동안 고목처럼 숨을 죽이고 서 있었다. 그들은 내가 보고 있는 것을 알아차리지 못했다. 그들은 나무 꼭대기에서 (그곳에는 너도밤나무들 사이에 키가 큰 참나무들도 있었다) 서로를 뒤쫓으며 오르락내리락 하였다. 그들은 나뭇가지 사이로 날렵하게 날아 다녔다. 크고 검은색의 두 마리 새가 날개를 편 채 이 나무에서 저 나무로 쏜살같이 달리다 갑자기 방향을 바꾸어 땅 바닥으로 곤두박질치기도 하고 갑자기 로켓처럼 나무 꼭대기로 날아오르기도 하였다. 그들은 항상 떨어져 있다. 어느 순간 갑자기 부딪히며 날카롭게 소리를 질렀다.

 해마다 뻐꾸기를 본 것은 아니었다. 전부 합쳐야 십여 번 보았을 것이다. 그리고 이제는 더 이상 자주 보지도 못한다. 이제는 다리가 좋지 않아 산에 오르기 힘들기 때문이다. 수줍음을 타는 그 형제는 내 자식들이나 손자들에게나 노래를 불러줄 것이다. 손자들아, 그의 소리를 잘 들어라. 그는 많은 것을 알고 있다. 그에게서 배우도록 해라. 그에게서 대담하고 기쁨에 도취한 봄날의 비상을 배우도록 해라. 자유로운 정신의 방랑생활을 배우도록 해라. 세속적인 가치에서 초연한 그의 자세를 배우도록 해라.

 나는 매일 몇 시간을 숲 속에서 보낸다. 이미 아네모네와 허브꽃이 피었고 둥글레와 얼룩무늬 난초도 활짝 피었다. 나는 숲에서 그림을 그리기도 하고 누워서 책을 읽기도 한다. 이런 아름다운 봄날에 먹을 양식으로 나는 여러 출판사들이 우리 집에 쌓아놓은 책 무더기에서 몇 개의 금싸라기들을 골라왔다. 나는 봄꽃이나 난초를 보러 가거나 뻐꾸기를 찾아 나설 때 종종 이 책들 중 하나를 들고 다닌다.

마르셀 프루스트의 『젊은 처녀들의 그늘에서』는 그런 책들 중 하나로 베를린의 '디 슈미데 출판사'에서 번역 출판했다. 아직 프루스트가 독일에서 유명하게 되기 삼 년 전에 독일의 문학 비평가들은 그의 글이 감미롭고 감춰어진 진주처럼 신비하다고 칭찬했다. 그런데 지금은 벌써 그에게 무관심해져 그는 삼류의 문학적 감각을 지닌 신경쇠약 환자에 불과하고 생각한다. 그 녀석들 혀에 곰팡이나 슬어라! 나는 그들이 무슨 말을 하든 아무런 관심이 없다. 나는 이미 오래전부터 뻐꾸기가 우는 소리를 더 이상 듣지 못하는 이 매혹적인 시인이 뽑아 놓은 거미줄처럼 사람의 혼을 사로잡는 아름답고 따뜻하고 향기롭고 사랑스런 어떤 것이 있어 기쁘다.

나는 고르키의 많은 소설들도 다시 읽었다. 그 소설들은 베를린의 '말릭 출판사'에서 출판되어 그 시인의 아름다운 전집 속에 들어 있는 소설들이다. 내가 고르키를 좋아하는 이유는 그가 프롤레타리아 출신이기 때문이 아니며 아름답고 고상한 신념 때문도 아니다. 이런 것들은 시인이 아니라도 가질 수 있는 것들이다. 내가 그를 좋아하는 이유는 그의 시에서 아주 강렬하고 고뇌에 찬 몇 가지 인상적인 시상들을 발견했기 때문이다. 그런 시상들은 대가들에게서나 가능한 것이다.

프란스 마저렐의 그림책들도 매우 좋은 책들이다. 지금 뮌헨의 '쿠르트 볼프 출판사'가 그 책들의 일부를 문고판으로 출판하여 싸게 팔고 있다. 『나의 기도서』와 『태양』은 우리 시대의 생생하고 정직한 증언들로 곤궁한 상태에서 자아상실에 처한 인간상을 수천 개의 시와 소설보다도 더 생생하고 솔직하게 증언하고 있다. 그 그림책들은 말이나 글로는 감동되지 않는 수많은 사람들에게 감동과 기쁨을 주며 무엇인가 생각하게 하고 교훈을 준다.

내가 아는 다른 예술가들은 우리 시대의 생활감정을 아주 강렬하고 보편적으로 표현한다.

체스터톤의 『하늘에서 쏜 화살』은 아주 뛰어난 소설이다. 그를 만나는 것은 언제나 기쁨이다. 그러나 그런 사람이 그렇게 재치 있는 농담만 한다는 것이 약간은 유감스러운 일이다. 일하다 쉴 때 장난삼아 쓴 것이겠지!

그 다음에 내가 가지고 있는 책은 프란츠 카프카의 『궁전』이다. 이 책은 사람들이 잘못 이해하고 있는 이 시인의 유작에서 발췌한 소설이다. 독일에는 언제나 시를 제대로 이해할 수 있는 몇 명의 사람들이 있다고 한다. 비록 그런 사람들이 있다는 것이 뜬소문이라 할지라도 나는 그런 사람들에게 약속한다. 그들이 카프카의 『궁전』에서 진정한 보석을 발견할 것이라고. 그렇게 시를 제대로 이해할 수 있는 사람들이 정말로 아직도 존재한다면 그들은 이 소설에서 단지 꿈의 마법을 발견할 뿐만 아니라 단 하나의 순수하고 엄격한 독일 산문도 발견할 것이다.

이제 곧 이곳은 여름이 될 것이다. 숲이 짙푸른 녹색으로 무성해 질 것이며, 햇빛이 드는 곳에서는 가늘고 연한 풀이 크게 자랄 것이다. 그리고 밤이 되면 나는 부엉이가 우는 소리를 들을 것이다. 부엉이도 내가 뻐꾸기에 못지않게 아주 존중하는 새다. 부엉이도 소심하여 모습을 잘 드러내지 않으며, 구름처럼 부드럽고 소리 없이 날줄 안다. 뿐만 아니라 부엉이는 날카롭고 단단한 발톱과 부리를 가진 맹금류이며 사람을 제외한 어떤 다른 짐승들보다 영리하다. 이제 곧 여름이 될 것이다. 새로운 소리들과 새로운 향기들과 새로운 색깔들이 숲을 채울 것이다. 지금 땅바닥에서 녹색의 작은 새싹으로 돋아나는 것이 시간이 지나면 딱딱해지고 갈색으로 변할 것이다. 뻐꾸기도 울지 않을 것이다. 태양만이 계속 비칠 것이다. 별들도 비칠 것이다. 출판사들도 언제나처럼 좋은 책들을 보내줄 것이다.

(1927)

언어

태양은 빛으로 말하고
꽃은 향기와 색으로 말하고
공기는 구름과 눈, 비와 함께
말한다. 세상의 지성소에는
가라앉힐 수 없는 충동이 살고 있다.
사물들의 침묵 깨뜨리고
말과 몸짓, 색깔과 소리에서
존재의 비밀을 표현하려는 충동.
이곳에는 예술의 맑은 샘이 흘러나온다.

세상은 단어와 계시, 정신을 찾으려고 애쓰며
인간의 입술로부터 영원한 경험을 밝혀준다.
모든 생명은 언어를 갈망하며
단어와 수, 색채와 선, 음률에서
우리의 갈망은 선명해지며
점점 더 높아지는 의미의 보좌를 건설한다.

꽃에서 붉음과 파랑이 내면화되며
시인의 언어에서는 창조의 건축물이 내면화된다.
그 건축물은 언제나 시작하며 결코 끝이 없다.
단어와 음률이 있는 곳
노래가 울리고 예술이 펼쳐지는 곳
언제나 세상의 의미와
모든 존재의 의미가 새로이 형성되며,
모든 노래와 모든 책
모든 그림은 계시이며,
생명의 통일성을 충족시키고자 하는
무수히 반복되는 새로운 시도이다.
이런 통일성에 들어가도록
시와 음악은 그대들을 유혹하며

창조의 다양함을 이해하기 위해서
단 한 번만 거울을 들여다보는 것으로 충분하다.
우리를 혼란시키는 것이
시에서 분명하고 단순하게 되니
꽃은 웃고, 구름은 비를 뿌리며
세상은 의미를 가지고 벙어리가 말한다.

• 헤세 도서관의 동양권에 있는 책들

뗏목에 관한 추억

지구상의 곳곳에는 오늘도 여전히 시냇물과 강물이 풀과 숲을 가로질러 흐를 것이다. 이른 아침 이슬에 젖은 숲에는 연약해 보이는 노루들이 서 있다. 시대에 뒤떨어진 우리는 50년 전에 진짜 시냇물과 진짜 풀밭에서 놀았지만 오늘의 어린이들에게 있어서 그들의 시냇물은 시멘트 도랑을 타고 흐르고 그들의 잔디밭은 운동장과 자전거 받침대이다. 그에 관해 왈가왈부하는 것은 아무 소용이 없다. 그 사이에 세상은 사실상 더 완전하게 되었을 것이다. 어쨌든 우리 옛 세대 사람들은 그럼에도 불구하고 이런 생각을 한다. 40년에서 50년 전에 우리는 그후 완전하게 된 세상에서 사라져 버린 어떤 것을 체험하며 살았다. 순수함과 소박함이 그것이다. 이런 것들이 당시에는 아직 독일에도 남아 있었다. 그런데 그런 것들이 오늘은 폴리네시아에서도 찾아볼 수 없게 되었다. 그래서 우리는 어린 시절을 추억하기 좋아하며 현재를 희생하고 과거를 찬양하는 우리 세대의 권리를 즐긴다. 어느 날 나는 전설이 되어버린 어린 시절의 추억을 떠올리게 되었다. 얼마나 아름다운 추억인가!

내 고향 슈바르츠발트에는 강이 하나 흐르고 있었다. 당시에는 그 강가에 공장이 거의 없었고 단지 낡은 물레방아와 다리와 갈대숲과 오리나무 숲이 있었다. 그 강에는 고기들이 많았으며 여름이 되면 잠자리들이 수없이 날아 다녔다. 강가에 시멘트 담장들이 점점 많이 세워지고 공장들이 세워지면서 그 많은 물고기들은 어떻게 되었는지 모르겠다. 아직도 거기 살기는 하겠지. 그러나 당시 그곳에 있던 어떤 아름답고 신비스러우며 동화 같은 가장 아름다운 어떤 것은 이미 오래전에 사라졌다. 이 아름답고 잔잔한 강물에 있던 뗏목작업장 말이다. 우리가 어렸을 당시에 슈바르츠발트의 전나무들이 여름 내내 튼튼한 뗏목으로 엮어져 작은 강들을 지나 만하임까지 운반되었으며 때로는 네덜란드까지 운반되기도 했다. 그 뗏목은 독특한 구조를 가지고 있었다. 뗏목이 지나가는 모든 도시들에서는 봄이 되면 첫 번째 뗏목의 출현이 첫 번째 제비가 돌아온 것보다 더 중요하고 특별한 사건이었다.

그런 뗏목은 긴 전나무와 잣나무 목재들로 엮어졌다. 그 목재들은 껍질이 벗겨지기는 했지만 토막토막 잘라지지 않은 긴 나무 그대로였다. 하나의 뗏목은 여러 개의 작은 부분들로 이루어져 있었는데, 각 부분은 다시 8개에서 12개씩 끝을 엮은 통나무들로 이루어져 있었다. 뗏목의 각 부분들은 밧줄로 유연하게 묶여졌다. 그래야 여러 부분들로 이루어진 긴 뗏목이 구부러진 강물을 돌 때 휘어질 수 있기 때문이다. 그렇지만 뗏목이 강바닥에 걸려 움직이지 않는 경우가 적지 않게 발생했다. 그러면 온 동네 사람들이 구경하러 나왔고 특히 아이들에게는 신나는 구경거리였다. 다리 위에 있는 사람들과 창문으로 내다보는 사람들이 뗏목에 탄 사람들을 조롱했기 때문에 그들은 화가 나서 이리저리 뛰어 다니며 뗏목을 움직이려고 애썼다. 그들은 욕지거리를 하며 허리까지 차는 물속으로 들어가 소리를 지르며 뗏목과 씨름했다. 그들이 얼마나 거칠고 난폭한 사람들인지 알 수 있었다. 물레방앗간 주인들과 어부들은 더 화를 내었다. 강가에서 일하며 먹고사는 가죽 무두장이들은 모두 뗏목에 탄 사람들을 비웃고 욕을 했다. 뗏목이 열어놓은 갑문 아래 걸리게 되면 특히 물레방앗간 주인들이 몰려와 욕지거리를 해댔다. 그러나 우리 어린 아이들에게는 드물게 오는 행운이었다. 뗏목 아래의 강바닥이 거의 드러날 정도로 물이 없기 때문에 우리는 방죽 아래서 손으로 고기를 잡을 수 있었기 때문이다.

뗏목을 운반하는 사람들은 한 곳에 정착해 살지 않고 떠돌아다니는 사람들로 거칠고 사나웠다. 뗏목과 거기에 탄 사람들은 도덕과 질서를 존중하는 사람들에게는 좋은 인상을 주지 못했다. 그러나 뗏목의 출현은 우리 어린이들에게 있어서 모험을 즐길 수 있는 기회였기 때문에 우리는 들뜬 기분을 감출 수 없었다. 그리고 우리의 모험으로 인해 우리는 마을 어른들의 꾸중을 듣기도 했다. 방앗간 주인들과 뗏목꾼들 사이에 언제나 다툼이 있었다. 우리는 이 싸움에서 뗏목꾼들을 편들었다. 우리의 선생님들과 부모님들, 동네 아주머니들은 뗏목꾼들을 싫어하여 우리를 가능한 한 그들과 접촉하지 못하게 했다. 우리들 중 누군가 집에서 불순한 말을 하여 호된 꾸지람을 듣게 되면 동네 아주머니들은 언제나 우리가 그런 말을 뗏목꾼들에게서 배웠다고 생각했다. 그리고 우리가 뗏목 주위를 돌아다니며 즐겁게 놀다 집에 들어간 날에는 언제나 아버지가 매를 때렸고 어머니는 눈물을 흘리셨으며 경찰들은 욕을 했다. 우리 어린이들이 무엇보다도 좋아했던 이야기는 망나니 같은 어떤 아이에 관한 이야기였다. 그 아이가 언젠가 몰래 뗏목을 타고 네덜란드의 바다까지 갔다 몇 달이나 지난 후에 다시 부모에게 돌아왔다는 것이다. 나는 여러 해 동안 동화 같은 이 아이와 똑같이 한 번 해보고 싶었다.

 아버지가 생각했던 것보다 훨씬 더 자주 나는 어렸을 때 짧은 거리이긴 하지만 맹목적으로 뗏목을 타고 간 적이 있었다. 어린 아이들은 선생님이나 경찰의 눈 밖에 나서도 안 되었지만 많은 경우 뗏목꾼들의 눈 밖에 나서도 안 되었다. 어린 아이들에게 있어서 뗏목을 타는 것보다 더 멋지고 신나는 일을 없다. 그때 일을 생각하면 나는 지금도 어린 시절의 향수에 사로잡혀 꿈꾸는 기분이다. 우리는 갑문의 널빤지에서 뛰어내려 지나가는 뗏목을 타든가, 그러기 위해서는 민첩하고 용감해야 했다. 아니면 강가에서 탈 수 있었다. 강가에서 타는 것은 어렵지는 않았지만 때로는 온 몸이 물이 빠지는 것을 감수해야 했다. 뗏목을 타기에 가장 좋은 계절은 옷을 거의 입지 않고 신발이나 양말도 신지 않은 아주 따뜻한 여름이었다. 여름에는 쉽게 뗏목에 올라 탈 수 있었다. 운이 좋아 뗏목꾼들 눈에 띄지 않으면 몇 마일씩이나 뗏목을 타고 강을 따라 내려갈 수 있었다.

그러나 뗏목을 타고 가는 동안 마음이 너그럽지 못한 뗏목꾼에게 발각되면 우리는 그렇게 부러워하던 뗏목꾼의 일을 직접 해야 했다. 미끄러운 통나무 위에 서서 노를 저어야 했다. 통나무들 사이로 강물이 솟아 올라와 온 몸이 물에 흠뻑 젖었다. 아직 완전히 여름 날씨가 아니라면 온 몸이 추워 덜덜 떨어야 했다. 그러다 거의 저녁이 되면 이제 우리가 뗏목에서 내려 집으로 돌아가야 할 시간이 되었다. 우리는 물에 젖어 덜덜 떨었다. 얼마나 멀리 왔는지 강가의 지형이 아주 낯설게 되면 우리는 드디어 땅으로 뛰어내리기에 적합해 보이는 장소를 찾아 지체 없이 뛰어내려야 했다. 대부분 이번에도 다시 물에 빠지기 일쑤였으며 때로는 위험하기까지 했다. 빈번하게 사고가 일어나기도 했다. 나도 이런 사고로 죽을 번 한 경험을 한 적이 있다.

운이 좋게도 뛰어 내린 곳에 흙과 풀이 있어 무사했다 할지라도 집으로 돌아가려면 아주 먼 길을 걸어야 했다. 우리는 젖은 신발을 신고 젖은 옷을 입고 터덜터덜 걸어갔다. 모자를 잃어버리고 미끄러운 통나무 위에서 노를 저으며 서 있느라 지쳐 장딴지와 무릎에 힘이 없었다. 그렇지만 우리는 한 시간이나 두 시간 아니면 그 이상을 걸어야 했다. 흐느끼는 어머니와 넋이 나간 이모, 걱정스런 표정을 한 아버지가 우리를 기다리고 있었다. 그들은 탕자가 무사히 집으로 돌아오게 해 준 하나님께 감사했다.

이미 어린 시절에도 그랬다. 거저 얻을 수 있는 것은 아무것도 없었다. 행복을 위해서는 언제나 대가를 지불해야 했다. 그렇게 뗏목을 타고 가는 것이 행복했던 이유가 어디에 있었는지 지금 생각해보면 거의 아무런 이유도 생각나지 않는다. 단지 힘들고 긴장하였던 일과 뗏목꾼들에게 모욕을 당했던 것밖에는 기억나는 것이 없다. 그러나 바로 이것이 놀라운 것이다. 맑은 소리를 내고 흐르는 차가운 강물에서 조용하고 급하게 흐르는 뗏목, 다리 아래 두껍고 긴 거미줄을 통과해 갈 때의 환상적인 장면, 네카강과 라인강을 지나 네덜란드까지 뗏목을 타고 내려갈 때 행복한 기분으로 빠져드는 꿈꾸는 듯한 순간, 그리고 물에 젖어 추위에 떨며 뗏목꾼들의 욕설과 부모의 꾸중을 들어가며 얻은 행복은 세상의 무엇보다도 더 값진 것이었다. 우리가 그 행복을 위해 지불해야 했던 모든 것은 가치 있는 것이었다. 우리는 하나의 뗏목꾼이었으며, 하나의 방랑자였으며, 유목민이었다. 우리는 조용하게 어디에도 소속되지 않고 여러 도시들과 사람들을 스쳐 지나갔다. 그러면서 우리는 가슴속에 넓은 세상을 느꼈으며 특별한 향수가 타오름을 느꼈다. 그렇다. 그런 행복을 위해 지불한 대가는 결코 지나치게 비싼 것이 아니었다.

(1928)

• 헤세가 아들 마틴을 위해 1922년에 그린 수채화 〈남쪽 마을〉

불꽃놀이

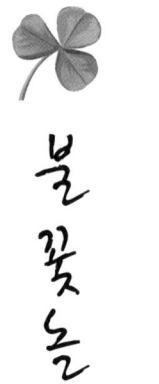 나의 친구들과 나를 비난하는 사람들은 나를 비판한다. 내가 많은 것들에 기쁨을 느끼지 못하고 오늘날 사람들이 자랑스러워하는 많은 것들을 신뢰하지 않는다고. 나는 기술을 신뢰하지 않으며, 발전의 이념을 믿지 않는다. 나는 우리 시대의 위대성을 믿지 않으며 '주도적인 이념들' 중 어느 것도 신뢰하지 않는다. 반대로 우리가 '자연'이라 부르는 것에 무한한 경외감을 가진다.

그렇지만 내가 특별히 신기하게 생각하고 좋아하는 많은 발명품들이 있다. 나는 그런 발명품들을 자연 현상들만큼이나 좋아하거나 아니면 훨씬 더 좋아한다. 오토바이 경주에는 전혀 관심이 없지만 홀

류한 음악, 훌륭한 조각품, 시인의 시에는 아주 쉽게 매료된다. 그런 것들을 창작해 낸 인간 정신에 경의를 표하는 바이다. 정확히 말하자면, 내가 혐오하고 불신하는 것은 '실용적인' 발명품들이다. 소위 이런 실용적인 성과물들은 언제나 불쾌한 침전물을 동반하고 있다. 그런 물건들은 모두 천박하고 고상하지 못하며 일시적이다. 사람들은 쉽게 그 물건들의 매력에 빠지고 쉽게 무가치함을 느끼거나 탐욕에 빠진다. 그리고 이런 실용적인 문명의 산물들은 언제나 불결함, 죽음의 전쟁, 남모르는 불행의 긴 꼬리를 뒤에 남긴다. 문명의 부산물로 지구에는 쓰레기가 산처럼 쌓인다. 유용한 발명품들 때문에 화려한 만국박람회가 열리고 자동차 전시장이 생기지만 그 결과 창백한 얼굴과 비참한 임금의 수많은 광산 노동자들이 발생한다. 그 발명품들의 부산물은 질병과 환경파괴이다. 증기기관을 이용하는 대가로 인간은 지구환경과 인간성의 엄청난 파괴를 지불한다. 노동자들과 사업가들의 얼굴에 주름살이 늘어나고, 영혼이 비뚤어지며, 싸움과 전쟁이 일어나고, 수많은 추잡한 일들이 벌어진다. 반대로 바이올린을 발명하고 피가로에서 아리아를 작곡한 대가로 우리가 치러야할 것을 아무것도 없다. 모차르트와 뫼리케*(E. F. Mörike(1804~1875) 독일의 시인 소설가)는 세상에 아무것도 요구하지 않는다. 그들은 태양처럼 값이 없었다. 그러나 기술문명의 사무실에 고용된 사람은 값이 점점 더 올라간다.

    그러나 발명품들을 조심하라! 유용하지 않음, 게으름, 놀이, 낭비의 낙인이 찍힌 발명품들을 나는 어려서부터 지극히 사랑한다. 이런 발명품들에는 음악, 시 등만 있는 것이 아니라 많은 다른 것들도 있다. 하나의 예술작품이 실용적이지 않으면 않을수록, 일상의 필요에 적게 기여할수록, 그 예술작품이 화려함, 게으름, 유치함의 특징을 많이 가지고 있을수록 나는 그만큼 더 사랑한다.

나의 경험에 의하면 사람들은 본래 자신들이 하고 싶은 것을 언제나 하지 못하는 존재이며 무한히 실천적이지 못하고 실용적이지도 못하며 그렇게 탐욕스럽고 계산적이지도 못하다. 요즘 들어 나는 인간성이 그렇다는 확실한 증거를 다시 경험했다. 호숫가에 있는 우리의 작은 도시가 대규모의 불꽃놀이를 벌인 적이 있다. 불꽃놀이는 중간중간 쉬는 시간을 포함해서 약 한 시간가량 계속되었다. 불꽃놀이에 사용된 액수만 해도 수천 프랑은 되었을 것이다. 나는 기쁨으로 가슴이 두근거린다. 시장과 관광협회, 시의회가 함께 그 일을 추진했다. 나는 물론이고 많은 다른 사람들도 황홀한 광경에 넋을 잃을 지경이었다. 그러나 경제학자와 실용주의자들에게는 그 불꽃놀이가 어리석은 도깨비장난처럼 보였을 것이다. 시 당국자들과 관광협회는 그곳을 방문한 휴양객들에게 즐거움을 선사해 주기로 결정했던 것이다. 그들은 세상에서 가장 멋지고 가장 비실용적이고 가장 경솔하게, 세상에서 가장 경박하고 가장 즐겁게 수천 프랑의 돈을 공중에 쏘아 버리기로 결정했던 것이다. 그리고 그것이 그들에게 아주 행복했을 것이다. 대단한 불꽃놀이였다. 대포소리 같은 강력한 폭죽이 터지면서 불꽃놀이가 시작되었다. 전쟁과 살육을 패러디한 것이다. 영리한 사람이 사용할 줄 아는 가장 진지한 동력을 음악적이고 해학적으로 사용한 것이다. 그런 불꽃놀이가 계속되었다. 총을 쏘는 대신 폭죽이 터졌으며, 수류탄 대신 로켓을 쏘아 올렸고, 포탄의 파편 대신 폭죽의 불빛이 쏟아져 내렸으며, 전쟁의 부상 대신 황홀한 환호성이 울려 퍼졌다. '값비싼 전쟁'은 모든 화약을 다 소모한 후에 그렇게 무탈하고 호의적으로 끝났다.

뿐만 아니라 불꽃놀이 전쟁, 아주 지혜롭고 만반의 준비를 갖춘 야전전투는 결코 다른 전쟁들처럼 그렇게 어리석고 야만적이지 않았다. 수류탄을 던지는 군인들의 실제 전투와 장군들의 전쟁들도 대부분 아주 영리하고 정확한 계획과 예견에 기초하여 수행된다. 그러나 유감스럽게도 그 결과는 언제나 예상과는 다르다. 결국 정확하게 계산된 기술적 작전을 수행하는 대신 아무도 예상하지 못한 커다란 혼란에 빠지게 된다. 그러나 불꽃놀이 전쟁에서는 모든 것이 계획한 대로 진행되었다. 발단, 전주, 상승과 유예의 순서로, 화려한 대단원에 이르기까지 모든 것은 원하는 대로 진행되었다. 실제의 전쟁에서처럼 예상치 않은 일이 발생하지도 않았다. 모든 것은 순수하게 정신적이고 순수하게 오락적이고 완전히 이상적으로 진행되었다.

그 많은 돈을 매우 짧은 시간에 아무런 소득도 없이 그렇게 낭비

할 수 있단 말인가? 그 대답은 아주 간단하다. 모든 금액이 몇 개의 커다란 로켓에 나누어 실려 환호성과 함께 짧은 시간에 공중으로 발사되었다. 한 개가 수천 프랑이나 되는 로켓이 날아가는 이 순간은 불꽃을 쏘아 올린 사람의 의도와 일치한다. 계획은 심포니가 악보에 따라 연주되듯이 진행되었다. 불꽃놀이가 진행되는 동안 구경꾼들은 긴장과 희열에 휩싸였다. 모든 고상한 예술작품을 감상할 때와 같이 신적이고 영감 넘치는 삶의 공간이 떠오르게 되었고, 모든 아름다운 것의 신속한 소멸에 대해 씁쓸한 웃음을 짓게 되었으며, 돈을 낭비하는 불꽃놀이에 대담하게 동조하게 되었다. 아마도 구경꾼들 중 몇 명의 가련한 악마들은 불꽃놀이에 쓰인 돈의 십분의 일이나 이십분의 일만이라도 자기가 가지게 되면 그 돈이 얼마나 요긴하게 쓰일 수 있을까 하고 아깝게 생각했을 것이다. 그렇지만 그렇게 생각하는 사람들은 극히 일부의 예외적인 사람들이었다. 대다수의 구경꾼들은 그런 쓸데없는 생각을 하지 않았다. 그것은 축제의 분위기에서 분명히 느낄 수 있었다. 그들은 눈을 크게 뜨고 고개를 젖힌 채 하늘을 보며 서 있었다. 그들은 소리 내어 웃었고 말없이 쳐다보기만 했다. 불꽃놀이의 아름다움에 매료되었으며 어디에선가는 감동으로 술렁이기도 했다. 그들은 불꽃놀이의 계획성과 명백한 무익성에 매료되었다. 화약과 빛, 정신과 계산의 엄청난 소모성에 놀랐으며 아무런 생산성도 없이 소모되는 엄청난 비용에 놀랐다. 단지 순간의 작은 즐거움을 위해 사용되는 비싸고 진기한 도구들에 놀랐다. 심지어 이렇게 넋을 잃은 대부분의 구경꾼들이 경험한 느낌은 주일예배에 참석한 사람들이 설교를 들을 때 가지는 감정과 비슷한 경건한 느낌이었을 것이다.

친구들과 비평가들이 나를 평가하듯이 내가 정말 매사에 불평을 늘어놓는 사람이라면 나는 불꽃놀이에 매혹된 사람들 뒤에서도 오물 냄새를 어렵지 않게 맡을 수 있을 것이다. 물론 호텔주인과 시장이 불꽃놀이 행사 전체를 개최한 것은 그들이 가진 돈으로부터 자유로워지기 위해서가 아니라 반대로 간접적으로 돈을 벌기 위해서 일 수도 있다. 거기서 소비된 돈의 대부분은 사람들이 인내를 가지고 신중하게 다음 전쟁들을 준비하는 곳에, 화약을 생산하는데 사용될 수도 있다. 간단히 말해, 이 아름다운 작은 불꽃놀이 체험을 폄하하는 것은 그렇게 어렵지 않을 것이다. 그러나 나는 결코 그렇게 불평하지 않겠다. 나는 화약을 담은 통에서 쉭 소리를 내며 뿜어져 나오는 녹색과 붉은색 불꽃에 완전히 매료되었으며, 하늘을 수놓았다 곧 완전히 사라져 버리는 거대한 불꽃에 마냥 행복했다.

나는 아직도 황홀한 기분이 사라지지 않았다. 그 불꽃놀이는 그만큼 대단했다. 붉은색 불꽃이 가느다란 눈송이처럼 조용히 밤하늘에 사라지고 다른 로켓에서 불꽃이 다시 터져 나오는 광경은 얼마나 놀라웠는지! 나는 반시간 가량 온 하늘을 화려하게 수놓기 위해 힘차게 날아오를 준비를 하고 있는 기묘한 형태의 매정한 로켓들도 마음에 들었다. 그런데 그 로켓들이 공중으로 완전히 날아오르지 못한 채 중도에서 갑자기 폭음 소리를 내며 사라진다. 마치 주요한 축제에 참석하기로 작정한 군주가 예복을 입고 각종 훈장을 단 채 연회장에 들어서려 하는데 갑자기 시위 군중이 나타나 그를 덮치는 장면과 같다. 그때 그가 입을 다물고 돌아가면서 "아, 너희가 내게 이럴 수가 …" 라고 중얼거리는 모습과 흡사하다.

(1930)

• 1926년 헤세가 그린 수채화 〈축제〉

나비

 우리가 볼 수 있는 모든 것은 감추어져 있는 것의 드러남이다. 모든 자연은 그림이며 언어이며 색깔이 있는 상형문자이다. 고도로 발달된 자연과학에도 불구하고 오늘날 우리는 자연을 제대로 볼 수 있는 준비가 되어있지 않고 또 그런 교육을 받지도 못했다. 오히려 우리는 자연을 정복의 대상으로 생각한다. 기술과 산업을 통해 땅을 정복하기 이전 시대에는 사람들이 매혹적인 자연의 언어를 느끼고 이해했다. 그들은 우리보다 더 단순하고 순수하게 자연의 언어를 이해했다. 자연의 언어에 대한 이런 느낌은 감상적인 것이 아니었다. 인간이 자연에 대해 감상적인 기분을 가지게 된 것은 아주 최근

의 일이다. 그런 기분은 자연에 대한 우리 양심의 가책에서 유래한 것이다.

자연의 언어를 이해할 수 있는 능력, 다양한 것에서 기쁨을 느낌, 이런 다양한 언어를 해석하고자 하는 충동, 아니 오히려 그 언어에 대답하고자 하는 충동은 인간의 본질적인 성향이다. 다양성 뒤에 숨겨진 통일성에 대한 예감, 모든 존재자들의 근원과 모든 피조물들 배후에 있는 창조자에 대한 예감, 세계의 시초에 관한 비밀을 알고자 하는 인간의 놀라운 관심은 모든 예술의 뿌리였다. 그리고 그것은 오늘도 마찬가지이다. 그런데 오늘 우리는 다양성 속에서 통일성을 추구하는 이런 경건한 의미의 자연숭배로부터 무한히 멀리 떠나 있는 것처럼 보인다. 우리는 어린이같이 순수한 이런 근원적 충동을 기꺼이 고백하려 하지 않는다. 그리고 그런 고백을 하는 사람이 있으면 그를 비웃는다. 그러나 모든 인간성이 불경스럽고 자연을 경건하게 체험할 능력이 없다고 간주하는 것은 잘못된 생각일 것이다. 이전의 다른 시대처럼 자연을 소박하게 신화화하고 어린 아이처럼 창조자를 의인화하고 그를 아버지라고 생각하여 기도하는 것이 우리에게는 불가능하게 되었다. 우리는 종종 옛 사람들이 가졌던 경건한 자세를 약간은 유치하고 피상적이라고 생각하는 경향이 있는데 아마 이것도 잘못된 생각은 아닐 것이다. 우리는 현대 물리학의 강력하고 숙명적인 철학적 경향이 본질적으로 하나의 경건한 과정이라고 생각하는데 아마 이것도 잘못된 판단은 아닐 것이다.

　우리가 경건하고 겸손한 자세를 가지든 아니면 건방지고 교만한 자세를 취하든, 자연에 영적인 힘이 깃들어 있다고 믿었던 과거의 신앙을 비웃든 아니면 놀랍게 여기든 자연에 대한 우리의 실제적인 관계는 어머니와 어린 아이의 관계와 똑같다. 이런 관계는 우리가 자연을 정복의 대상으로 여기는 곳에서도 마찬가지이다. 그리고 인간을 행복과 지혜로 인도할 수 있는 태고의 몇몇 길들 이외에 더 이상 어떤 새로운 길도 있을 수 없다. 그 길들 중 한 길, 가장 단순하고 가장 유치한 길은 자연에 대한 경외와 자연이 걸어오는 말에 경건한 자세로 귀를 기울이는 길이다.

　괴테는 말한다. "놀라기 위해 나는 존재한다!"

　놀라움에서 시작하여 놀라움에서 끝난다. 그렇지만 이 길은 결코 무의미한 길이 아니다. 내가 한 조각의 이끼와 한 조각의 수정, 한 송이의 꽃과 한 마리 황금빛 딱정벌레를 보고 놀라든 아니면 하늘에 떠 있는 구름과 파도가 몰아치는 바다, 나비 날개의 질서정연한 조직과 날개 테두리의 단면, 다채로운 테와 날개 무늬의 다양한 장식을 보고 놀라든, 내가 눈이나 다른 신체의 감각기관을 가지고 자연의 일부를 체험할 때는 언제나 그리고 자연의 일부에 사로잡혀 놀라워하며 자연의 존재와 계시에 눈을 열어 놓는다면 바로 이 순간 이기심에 사로잡힌 눈먼 인간사의 배설물을 잊는다. 이리저리 머리를 굴려 이해타산을 따지거나 명령하는 대신, 애써서 구하거나 남을 이용하는 대신, 싸우거나 조직하는 대신 이 순간 나는 괴테처럼 단지 놀랄 뿐이다. 그리고 이런 놀라움을 가질 때 나는 단지 괴테와 모든 다른 시인들, 현자들의 형제일 뿐 아니라 내가 놀라워하고 살아있는 세계로서 체험하는 모든 것의 형제이기도 하다. 그 순간 나는 나비의 형제이며 딱정벌레의 형제이며 구름과 강물, 산의 형제이다. 놀라움의 길 위에 선 순간 나는 분열의 세계를 떠나 통합의 세계에 발을 들여놓고 있기 때문이다. 그런 세계에서는 하나의 피조물이 다른 피조물에게 "너는 나의 형제다"고 말한다.

우리는 많은 경우 자연에 대한 이전 시대의 순수했던 관계를 부러워한다. 그러나 우리 시대의 문제점에 관해 진지하게 고민하고 싶어 하지 않는다. 우리는 학교에서 지혜를 향한 가장 간단한 방법조차 가르치지 않는다는 사실에 대해 아무런 문제의식도 가지지 않는다. 학교에서는 놀라움이 아니라 오히려 그 반대의 것을 가르친다. 감격 대신 이해타산의 계산을 가르치며, 감탄대신 냉정함을 가르치며, 전체를 보기보다는 분열된 개체를 고수하도록 가르친다. 이런 학교는 지혜를 가르치는 곳이 아니라 지식을 전달하는 기관에 불과하다. 그러나 진정한 의미에서 학교다워지기 위해서는 학교에서 가르칠 수 없는 것, 체험가능성과 감동, 괴테의 놀라움이 무엇보다도 먼저 가르쳐야 한다. 진정한 학교의 목표는 그런 과정을 통해 점진적으로 괴테와 같은 진정한 현자들을 배출하는 것이다.

　나비는 꽃과 마찬가지로 많은 사람들이 특히 좋아하는 피조물이다. 특별한 놀라움의 대상이다. 많은 사람들은 나비를 보고 위대한 기적을 생각하며 생명의 존귀함을 깨닫는다. 꽃과 마찬가지로 나비는 특별한 장식품과 보석처럼 보인다. 나비는, 가장 친절하고 우아하고 재치가 있는 천재들이 섬세한 창조의 희열을 가지고 고안하여 발명한 보석처럼 빛나는 작은 예술품처럼 보인다. 나비를 보고도 기쁨을 느끼지 못하고 어린 아이처럼 감격하지 못하고 괴테와 같은 놀라움을 조금이라도 가지지 못하는 사람이 있다면 그 사람은 이미 눈먼 사람이며 화석처럼 굳어진 사람임에 틀림없다. 나비는 모든 다른 동물들과는 다른 특별한 존재이기 때문이다. 사실 나비는 결코 한 마리의 동물이 아니라 동물로서는 최후이자 최고이며 가장 화려한 생명의 단계이기 때문이다. 나비는 잠자는 꼭두각시였으며 그 이전에는 먹을 줄 밖에 모르는 애벌레였지만 지금은 가장 화려하고 최고의 전성기를 누리는 창조적인 생명체이며 죽을 준비가 되어있는 생명체이다. 나비는 먹기 위해 살지 않는다. 나비는 단지 시간에 따라 흘러가는 동물이 아니다. 나비는 사랑하고 생산하기 위해 산다. 이를 위해 나비는 가장 화려한 옷을 준비하고 있다. 그의 날개는 이를 위해 준비한 가장 화려한 옷이다. 그의 날개는 몸통보다 몇 배나 더 크다. 그의 날개에 들어있는 무늬와 색, 비늘과 솜털은 그의 존재의 비밀을 표현하는 다양하고 섬세한 언어이다. 나비는 그런 언어보다 강렬한 삶을 살고 다른 성을 유혹하며 생육과 번성의 찬란한 축제를 즐긴다. 어느 시대나 어느 민족이든 나비와 그의 화려함이 가지는 이런 의미를 이해하지 못하는 시대나 민족은 없었다. 나비는 단순하고 분명한 계시이다. 더 나아가 나비는 순간적 존재자이면서 동시에 영원의 상징이 되었다. 사람들은 이미 오래전부터 나비를 인간의 영혼에 비유했다.

(1935)

푸른 나비

작은 호랑나비 한 마리가
바람에 나부끼며 날고 있다.

진주조개 껍질처럼 영롱하게 떨리는 날개가
반짝거리고, 어른거리고 지나간다.

그렇게 눈 깜짝할 사이
그렇게 한 순간의 바람결

나는 보았네,

행복이 내게 손짓하고 반짝거리고 어른거리다 지나가는 것을.

● 포도밭 옆의 정원

알프스에서 추억

오후의 가장 더운 시간에 '아말렉'으로 향하는 가파르고 좁은 길을 올라갔다. 내가 묵고 있는 호텔에서 백오십 미터 가량 높은 곳에 위치한 목초지를 그렇게 부른다. 그곳은 빽빽하게 우거진 가문비나무 숲 속에 반원형으로 조성되었다. 요즘 며칠사이 그곳에 새로 야영지가 세워졌다. 거기 세워진 밝고 현란한 텐트행렬은 마치 성경에 나오는 아말렉 군대와 블레셋 군대가 진을 치고 있는 모습처럼 보였다. 아말렉 야영지에서 가까운 곳에 휴식을 취하거나 그림을 그리거나 책을 읽기에 좋은 몇몇 장소들이 있다. 날씨는 약간 무더웠다. 만년설이 덮인 산위로 움직임이 없는 거대한 구름의 무리들이 있다가 사라졌다. 위쪽 산 정상에는 가볍고 변덕스런 새털구름이 연하고 밝은 청색의 하늘을 가로질러 아래에서는 느낄 수 없는 바람을 타고 때로는 조용히, 때로는 부드럽게 동쪽 밑으로 흐르고 있었다.

나는 주변을 둘러보고 나에게 적당한 장소를 찾았다. 거기서 멀지 않은 곳에 휴식을 취하러 온 다른 사람들이 그늘과 양지를 오가면서 누워 있었다. 잠을 자는 사람들도 있었고 책을 읽는 사람도 있었고 수다를 떠는 사람들도 있었다. 그들 중 많은 사람들은 옷을 반은 벗고 있거나, 전부 벗고 있는 사람들도 있었다. 그곳은 가파른 경사면이 여러 단층들로 이루어져 있어 다른 층에 누워있는 사람이 보이지 않았고 각 층마다 숲 가장자리가 돌출해 나와 있었다. 그래서 작은 공간에 많은 사람들이 누워 있을 수 있고, 서로 방해가 되지 않았으며, 서로 알아볼 수도 없었다. 나는 작은 바위들 사이 움푹한 곳에 자리를 잡고 잔디나 야생초 위에 눕기도 하고 앉기도 하면서 숲 그늘과 경사진 초원을 즐겼다. 그러면서 아래쪽에 있는 몇 채의 오두막을 구경하고, 아지랑이가 하늘거리는 폭포 계곡, 만년설과 얼음이 덮인 산까지의 광활한 공간을 바라보았다.

한 동안 휴식을 취한 후 천천히 작은 서류철을 펼쳤다. 그것은 1910년 판 신문들을 묶은 루돌프 모셰 신문철의 두꺼운 표지로 십여 년 동안 고이 간직하기만 하고 한 번도 들고 나온 적이 없는 것이다.

주머니에서 만년필을 꺼내고 작은 종이철을 펼친 다음 성벽과 그 뒤의 베른 지방의 통나무집을 스케치하기 시작했다. 오두막 뒤에는 두 그루의 단풍나무가 우뚝 솟아있고 더 뒤쪽에는 남자들의 발자국이 있는 가파른 벽이 있었다. 저 위쪽에는 끝이 뾰족한 산마루가 있고 그 산마루 뒤쪽으로 희미하게 융프라우의 윤각이 보인다.

그림을 그리다 피곤한 눈을 쉬려고 다시 다리를 뻗고 앉았을 때 많은 소년들이 떠드는 소리가 들렸다. 내 밑에 배낭을 멘 한 무리의 아이들이 나타난 것이다. 그 아이들은 베른 독일어 사투리를 말하고 있었는데 내 짐작으로 대략 열네 살에서 열여섯 살 쯤으로 보였다. 아이들은 덥고 지쳤지만 서두르지 않았다. 그들 중 뒤에 쳐진 몇몇은, 내가 있는 바로 위쪽 언덕계단에 머물렀으며, 이마에 색깔이 있는 수건을 동여매고 있었다. 몇 명은 잠시 잔디에 앉아 쉬었다. 숨을 돌리고 걸어온 먼 길을 돌아보면서 그들은 갑자기 없어진 것처럼 조용해졌다. 잠시 휴식을 취한 후 이제 그들 중 한 아이가 기억을 더듬어 몇 구절의 짧은 시를 암송하기 시작했다. 더듬거리기는 했지만 완벽하게 외웠다. 그 중에서 두 구절은 단지 운율로 흥얼거리는 소리만이 아니라 가사까지 또렷하게 이해되었다. 나는 그 시가 나의 시라는 것을 알았다. 내 자신이 지은, 구름을 다루었던 시였으며 나도 정확하게 기억하고 있지 못한 시였다. 그 아이는 거의 오십 년 전에 지은 시를 잠시 동안 노래하고 그에 대해 이야기 했다. 다른 친구들은 조용히 그의 시를 듣고 있었다. 주위가 조용해지고 그 아이들을 다시 한 번 보려고 주위를 돌아보았을 때 아이들은 이미 산을 넘어가고 보이지 않았다.

그것은 나의 시들이었다. 시를 쓰고 거의 반세기 만에 얼굴도 모르는 아이의 입을 통해 나에게 되돌아왔다.

(1947)

• 몽테 베리다에서 산책하는 헤세

시화 詩畫

  일 년에 몇 번씩 수집가들을 위해 마련해 놓은 시화들이 있는지 문의하는 사람들이 있다. 나는 그 시화들을 판 금액으로 재난을 당한 나라들과 가난한 나라들을 위한 물품과 지원금을 마련하곤 한다. 여러 달 동안 그런 문의가 없다가 오늘 다시 주문이 들어왔다. 나는 가능하면 늘 그런 시화 원고를 한 장 아니면 두 장 예비적으로 확보하고 있다. 만일 그 중 하나가 수집가에게 팔려 나가면 가능한 한 신속하게 한 장을 더 만들어 보충해 놓곤 한다. 이런 일은 지금까지 해온 어떤 일보다 더 즐거운 일이다. 그 일은 대체로 다음과 같이 진행된다.

우선 아틀리에에 있는 종이보관함을 연다. 종이함은 이 집을 지을 때부터 내가 가지고 있던 것이다. 종이보관함에는 종이를 넣어둘 수 있는 아주 넓고 깊은 서랍이 있다. 그 종이함과 많은 종이들은 – 그 중 일부는 고급스럽고 오래된 것이며 오늘날은 더 이상 생산되지 않는 것이다 – "젊을 때의 소원은 나이가 들어 이루어진다"는 속담처럼 내가 일생의 소원으로 가지고 싶어 하던 것이다. 소년 시절 나는 성탄절과 생일이면 언제나 종이를 가지고 싶어 했다. 여덟 살 무렵 나는 "한 장의 종이는 스팔렌토어*(헤세의 가족이 1881~1886년에 살던 바젤에 있는 성문 누각.) 만큼이나 크다"는 말을 나의 소원목록에 써가지고 다녔다. 그후 나는 언제나 좋은 종이를 확보할 수 있는 기회가 있으면 그 기회를 놓치지 않았다. 때로는 책이나 수채화와 바꾸기도 했다. 그 종이보관함이 마련된 후로 내가 사용할 수 있는 것보다 훨씬 더 많은 종이를 가지게 되었다.

나는 종이보관함을 열고 한 장의 종이를 고른다. 어떤 때는 매끄러운 수채화종이가 마음에 들었고, 어떤 경우는 거친 수채화종이가, 어떤 때는 고급스런 수채화종이가, 또 어떤 때는 투박한 인쇄종이가 마음에 들었다. 이번에는 아주 단순하고 가벼운 노란색 종이가 눈에 들어왔다. 그 중 몇 장의 종이들은 아직도 소중하게 보관하고 있다. 그 종이는 내가 가장 소중하게 생각하는 책들 중 하나인 『도보여행』 Wanderung이란 책을 출간할 때 사용한 종이다. 이 책의 소장본들은 미군의 폭격에 의해 소실되어 지금은 더 이상 존재하지 않는다. 나는 고서점에 나오는 모든 견본을 아무리 비싸더라도 여러 해 동안 사러 다녔다. 그 책을 다시 출판하는 것이 몇 안 되는 나의 소원들 중 하나이다.

　이 종이는 비싸지는 않다. 그러나 그 종이에 수채화 물감을 칠하면 곧 색이 바래서 예스러운 멋을 풍긴다. 물론 그 종이도 나름의 위험성이 있다. 그렇지만 그런 위험이 일어난 기억은 없다. 이제 바로 그 위험들 때문에 놀라고 시험해 볼 기회가 왔다.

　나는 그 종이를 꺼내 원하는 형태로 정확하게 자른 다음 적당한 크기의 두꺼운 종이를 밑에 깔고 작업을 시작했다. 나는 언제나 본문은 생각하지 않고 먼저 표지와 여러 개의 이미지들을 그린 다음 비로소 본문을 고른다. 먼저 대여섯 개의 이미지들과 작은 풍경 또는 화환의 밑그림을 그린 다음 화첩에서 마음에 드는 견본들을 모아 낯익은 주제들을 선정하고 그 주제들에 따라 그림을 완성한다.

　오징어 먹물로 만든 흑갈색 안료로 바다와 산들을 그리고 하늘의 구름도 그린 다음 전면의 산허리에는 작은 마을을 세운다. 하늘을 코발트색으로 칠하고 바다는 희미한 푸른색 칠을 한다. 마을은 황갈색으로 칠한다. 모든 색은 아주 옅은 색으로 칠하여 색깔이 종이에 서서히 부드럽게 스며드는 것을 바라보며 즐긴다. 젖은 손가락으로 하늘색을 문질러 희미한 색으로 퍼지게 한다. 한동안 이런 작업을 하지 못하고 지냈다. 그렇지만 이제는 이런 작업을 하는 것도 예전 같지 않다. 훨씬 빨리 피로를 느꼈다. 하루에 겨우 몇 장의 그림을 그리기에 바빴다. 그러나 흰색의 종이가 수채화로 바뀌어 가는 것은 매력적이고 재미있는 일이다. 그 수채화를 팔아 자금이 마련되면 그 자금으로 커피, 쌀, 설탕, 기름 그리고 초콜릿을 구입해 재해 지역과 가난한 지역에 보낸다. 소중한 사람들이 그 물건을 받고 용기를 내고 위안을 받고 다시 새 힘을 얻게 되며 어린이들이 기뻐 환호하고 병든 사람들과 노인들이 활짝 웃는 모습을 상상하기만 해도 즐거운 일이다.

그 일은 매력적이다. 나는 이 작은 시화들에 예술적 가치가 들어 있지 않다는 것에 대해 크게 신경을 쓰지 않는다. 1차 세계대전 때 처음 이 작품집들을 만들었으며, 그것들은 아직 오늘처럼 세련되지 않은 것이었다. 한 친구의 조언으로 그런 작품집을 만들게 되었는데 당시에는 전쟁포로들을 위해서 였다. 오랜 시간이 지났다. 그후 여러 해 동안 나는 그런 주문을 기꺼이 받아 작업을 했다. 나 자신도 그것이 필요했기 때문이다. 지금은 나의 작업이 더 이상 이전처럼 전쟁포로들을 위해 도서관들을 짓는데 이용되지 않는다. 지금은 내 작품을 구입하려는 사람들이 익명의 어떤 사람들이 아니다. 작품을 판 대금을 적십자나 어떤 자선단체에 기부하지도 않는다. 여러 해가 지나면서 우리 시대의 일반적인 경향과는 반대로 점차로 특별한 개인들이

나의 작품을 선호하게 되었다. 그렇다고 해서 내가 기인이라는 것은 아니다. 나는 평균적인 사람이다. 적어도 나에게는 소수의 사람들의 후원이 훨씬 더 큰 기쁨을 준다. 내가 그 사람들을 전부 개인적으로 알지는 못하지만 그들 각자는 내게 중요한 의미가 있다. 그리고 그들은 그들만의 고유한 가치와 특별한 운명을 가진 사람들이다. 그 사람들은 내가 전에 커다란 사회복지기관의 임원으로 경영을 도왔던 복지활동과 자선활동보다 더 나에게 진심으로 올바르고 필요한 사람들이다. 요즘도 세상에 적응하라고 요구하며 일상적이고 기계적인 일을 하여 실제적인 모든 과제들에서 벗어나라고 요구하는 사람들이 많이 있다. 도구를 사용하고 비서를 시키고 수단을 이용함으로써 귀찮은 일을 직접 하지 말라고 하는 사람들이 많이 있다. 이를 악물고 그런 것들에 익숙해져야 한단 말인가? 아니다. 그것은 생각만 해도 섬뜩하다. 기계를 사용해 모든 일을 하려면 그 도구들이 결국은 내 책상에 수북이 쌓일 것이고 결국은 기계가 아니라 사람의 손이 필요하다. 사람은 그에게 익숙한 대로 사는 것이 좋다.

(1949)

• 헤세가 생전에 사용했던 그림도구. 서른아홉 살이 되던 해부터 수채화를 즐겨 그리기 시작했다. 개인전을 여는가 하면 수채화를 곁들여진 시집과 시화를 그리기도 했다.

4월 밤의 메모

여러 가지 색깔들이 있다는 사실

파란색, 노란색, 흰색, 빨간색 그리고 녹색!

음악이 있다는 사실

소프라노, 베이스, 호른, 오보에!

언어가 있다는 사실

단어들, 구절들, 각운들

화음의 부드러움

구문론의 행진과 춤!

유희를 즐기는 사람

유희의 매력을 경험한 사람

그에게 세상이 꽃을 피우고

그에게 세상은 웃음을 보이고

그에게 세상은 자신의 가슴과 자신의 의미를 보여준다.

그대가 사랑하고 추구하는 것

그대가 꿈꾸고 체험하는 것

그대에게 여전히 확실하리.

희열이었는가? 괴로움이었는가?

올림 사장조이면서 동시에 내림 가장조

내림 마장조이거나 올림 라장조

그 음들이 다르게 들리는가?

소박한
노래

무지개의 노래

스러져가는 빛에서 나오는 마력

음악처럼 녹아내린 행복

마돈나의 얼굴에 비친 고통

현존의 쓰라린 희열 …

꽃봉오리는 폭풍에 떨어지고

무덤 위에는 화환이 놓이고

밝은 날은 순간에 지나고

어둠 속에 뜬 별은 세상이 심연위에 드리워진

아름다움과 슬픔의 너울 …

● 헤세가 직접 사용한 타자기와 안경

Über das Glück
Hermann Hesse

● 19911년 피사의 탑 위에서

행복에 관한 헤세의 단상斷想들
-편지와 저서-

🍀 행복은 '어떻게'이지 결코 '무엇'이 아니다. 행복은 그것을 누릴 수 있는 능력이지 결코 대상으로 미리 주어져 있는 것이 아니다.

(Gsammtbriefe, Bd. I)

 아름다운 것이 매력적인 것은 그것이 사라지기 때문이다.

(Musik)

🍀 행복은 어디에나 있는 나의 친구이다. 그는 산에도 있고, 골짜기에도 있고, 꽃 속에도 있고, 수정 속에도 있다.

(Die Märchen)

🍀 아름다움을 소유한 사람이 행복한 것이 아니라 아름다움을 사랑하고 구할 수 있는 사람이 행복한 사람이다.

(Kleine Freude)

🍀 기업가들과 이해타산이 빠른 사람들이 볼 때 우리처럼 사업의 즐거움을 모르고 현실감이 떨어지는 사람들은 영적으로 문제가 있는 사람들로 보일 것이다. 그러나 우리의 낭만적이고 시적인 유치함은 세상을 지배하는 기술자가 만든 계산기를 믿는 유치한 확신보다는 덜 유치하다. 우리가 하나님을 믿듯이 그는 자신이 만든 계산기를 믿는데, 그가 믿던 세계질서가 아인슈타인에 의해 흔들리게 되면 그는

두려움과 불안에 빠지게 된다. 대도시의 주류 문학가들은 대개 낭만적이고 감상적인 우리를 비웃는다. 그러나 우리는 어차피 무너질 옛 성벽 때문에 개방을 서두르고 향토방위대를 조직하는 그렇게 어리석은 열광주의자들은 결코 아니다. 우리들 중 많은 사람들은 어떤 경영자보다 더 지혜로우며, 발전을 신뢰하는 많은 사람들보다 더 미래를 열망한다.

(Bilderbuch, GW 6)

🍀 영혼이 심각하게 병든 아주 많은 사람들에게 있어서 그들이 갑자기 재산을 잃고 돈의 신성함에 대한 믿음이 흔들리는 것은 결코 불행이 아니라 가장 확실하고 유일하게 가능한 구원을 의미한다. 마찬가지로 오늘 우리의 삶에서도 일과 돈에 대한 절대적 신뢰에서 벗어나 놀이의 가치를 인식하고 우연적인 것에 대해 열린 마음을 갖는 것은 대단히 바람직한 것이다. 유감스럽게도 우리 모두에게는 그런 인식이 너무나 결여되어 있다.

(Kurgast, GW 7)

🍀 내일 무슨 일이 일어나기를 바라는 것이 아니라 오늘 우리에게 주어진 것을 감사함으로 받아들일 때만 행복이 찾아옵니다.

(미공개 편지, 1922년)

🍀 행복은 노력해서 얻을 수 있는 것이 아니며 결코 돈을 주고 살 수 있는 것도 아니다.

(Bilderbuch, GW 6)

🍀 나의 행복에는 꿈속에서의 행복과 똑같은 비밀이 있다. 그 행복은 생각할 수 있는 모든 것을 동시에 경험할 수 있고 밖과 안을 마음대로 뒤집을 수 있으며 시간과 공간을 마치 무대장치처럼 연장시킬 수 있는 자유로 이루어진 행복이다.

(Morgenlandfahrt, GW 8)

🍀 내일 무슨 일이 일어날까 염려할 때 오늘을 잃어버립니다. 현재를 잃으며 그와 함께 진리를 잃게 됩니다. 오늘에 감사하고 모든 날들과 모든 시간, 모든 순간을 소중하게 간직하십시오.

(미공개 편지에서, 30년대)

🍀 바로 이 순간이야말로 가장 좋은 시간이며 가장 적당한 때이며 가장 행복한 때입니다.

(Gesammelte Briefe, Bd. 4)

🍀 행복은 이성과 무관하며 도덕과도 무관하다. 행복은 본질적으로 불가사의한 어떤 것이며, 유년기에 속하는 어떤 것이다. 요정에게서 선물을 받고 신들의 특별한 배려 속에 천진한 모습으로 행복해 하는 사람은 결코 이성적 관찰의 대상이 아니다. 그런 사람은 상징이며 세속적 가치 저편에 서 있는 사람이다. 그렇지만 '행복'을 타고난 특

별한 사람들도 있다. 그들은 역사적으로나 개인적으로 그들이 가진 재능을 마음껏 펼칠 수 있는 적절한 시기에 태어난 사람들이다. 그들은 너무 일찍 태어나지도 않았고 너무 늦게 태어나지도 않은 사람들이다.

(Glasperlenspiel, GW 9)

🍀 인간이 욕구하는 모든 것으로부터 인간을 좌절시키는 것은 언제나 시간뿐이다. 시간이라는 허구의 가공물 말이다. 우리가 자유로워지기를 원한다면 무엇보다 먼저 시간으로부터 자유로워져야 한다.

(Kein und Wagner, GW 5)

🍀 행복은 사랑이다. 그 밖의 어떤 다른 것도 아니다. 사랑할 수 있는 사람은 행복하다.

(Kleine Freuden, 132쪽)

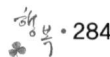

🍀 깊은 명상을 통해 우리는 시간을 초월할 수 있으며 지난 날의 삶과 현재의 삶, 미래의 삶을 동시에 볼 수 있다. 그때 모든 것은 선하며 모든 것은 완전하며 모든 것은 브라만*이다. 따라서 존재하는 것은 선하다. 죽음과 삶은 동일하며, 죄와 성스러움은 동일하며, 지혜와 어리석음은 동일하다. 모든 것이 그렇다. 내가 동의하고 원하고 기꺼이 인정하기만 한다면 모든 것은 내게 있어서 선하며 결코 내게 해가 되지 않는다. 나는 나의 몸과 모든 영혼에서 경험했다. 세상에 대한 적대감을 포기하고 세상을 사랑하는 것을 배우기 위해, 세상을 더 이상 내가 원하고 생각하는 대로 판단하는 대신 세상을 인정하고 사랑하여 그 세상에 기꺼이 속하는 것을 배우기 위해 죄가 필요했으며 관능적 쾌락이 필요했으며 재물에 대한 욕망과 허영심이 필요했으며 철저한 절망이 필요했다.

(Siddhartha, GW5)

---

*브라만(범: 梵)이란 우주의 근본 원리이며 따라서 우주의 궁극적 실재이다. 이와 대조되는 아트만(atmann; 我)은 인간존재의 근본 원리로, 브라만교에 따르면 이 아트만과 브라만은 본질적으로 동일하다(梵我一如; 범아여일).

🍀 나의 가장 깊은 내면은 행복을 원하며 우리 밖에 있는 것과의 아름다운 조화를 원한다. 우리와 사물과의 관계가 사랑의 관계가 아닐 때 이런 조화는 이루어지지 않는다. 그렇다고 사랑이 의무라는 것은 아니다. 행복의 의무가 있을 뿐이다. 행복을 위해서만 우리는 세상에 존재한다. 그 밖의 어떤 다른 의무와 도덕과 계명을 통해서도 우리는 서로를 행복하게 해줄 수 없다. 그런 것을 통해서는 자기 자신이 행복을 느끼지 못하기 때문이다. 인간이 선할 수 있다면 그런 것을 할 수 있다. 그가 행복하고 자기 내면에 조화를 가진다면, 따라서 그가 사랑한다면 비로소 그는 그런 것을 할 수 있다.

(Kleine Freude)

🍀 내게 중요한 것들을 언제나 잊지 않고 기억하고 있는 것은 나의 자아의 가치와 자아성장을 위해 결정적으로 중요한 것이 아니다. 내가 의식과 무의식의 영역 사이에서 선하고 자연스런 관계를 가지는 것만이 중요하다. 우리는 생각하는 기계가 아니라 유기체이다.

(Kleine Freuden)

🍀 잠시 동안 자신을 포기할 수 있는 것, 한 여인의 웃음을 위해 여러 해를 희생할 수 있는 것. 그것이 행복이다.

(Eine Fußreisen im Herbst, GW 2)

🍀 생산적인 일에서 기쁨을 느낀다면 우리는 비록 다른 것이 부족하다 할지라도 풍요롭게 살 수 있다.

(미공개 편지, 1929년 1월 10일)

🍀 인간은 언제나 행복을 추구하지만 그 행복을 오래 견디지 못한다. 개개인의 삶에서도 그렇다. 행복이 그를 피곤하게 만들며 그를 게으르게 만든다. 조금 지나면 그 행복은 더 이상 행복이 아니다. 행복은 아름답고 사랑스럽지만 곧 시들어버리는 꽃이다.

(Politik des Gewissens)

🍀 우리가 낙원에서 쫓겨날 때 비로소 우리는 낙원을 낙원으로 인식할 수 있게 된다.

(Gedenkblätter)

🍀 구름이 덮인 하늘에서 한 줄기 햇빛이 어두운 골목에 비칠 때 그 빛이 무엇을 비추느냐 하는 것은 중요하지 않다. 길바닥에 깨어져 있는 병조각이든 찢어진 벽보이든 어느 것이든 태양은 빛을 비추어 준다. 태양은 그것들을 변화시키는 마력을 가진다.

(Schriften zur Literatur, GW 12)

🍀 나는 행복한 사람들을 숨어있는 현자들이라고 생각한다. 비록 그들이 어리석어 보인다 할지라도 말이다. 영리한 것보다 더 어리석은 것이 어디 있으며 불행하게 하는 것이 어디 있는가?

(Kindheit des Zauberers, GW 6)

🍀 우리가 가치를 부여할 수 없고 가치 있는 것으로 바꿀 수 없는 어떤 행복이나 불행도 우리에게 일어나지 않는다고 믿는다. 나는 그런 믿음을 언제나 그랬듯이 지금도 가지고 있다. 그리고 나는 그런 믿음을 나를 위해서도 다른 사람을 위해서도 포기하지 않을 것이다.

(미공개 편지, 1930년 2월 21일)

🍀 깊이는 맑은 것과 밝은 것에 있다.

(Das Glaseperlenspiel, GW 9)

🍀 명랑함은 시시덕거림도 아니고 자아도취도 아니다. 명랑함은 최고의 깨달음이며 사랑이다. 명랑함은 모든 현실을 긍정하는 것이며 가장 깊은 절망 가운데서도 깨어 있음이다. 명랑함은 아름다움의 비밀이며 모든 예술의 본질적 토대이다.

(Das Glaseperlenspiel, GW 9)

🍀 현재의 가치와 중요성을 기준으로 해서만 세상을 바라보아서는 안 되며 합리적 관점으로만 세상을 보아서도 안 된다. 오히려 세상을 향유하고 조용히 관조하며 사물을 있는 그대로 평가하는 순수한 기술이 재산이다. 아무리 냉철하고 세련된 지성인도 우리에게서 그 재산을 빼앗아서는 안 된다. 그렇지 않으면 문화가 파괴되어 세상의 어떤 지성으로도 그것을 다시 회복시킬 수 없게 된다.

(Italien)

🍀 아름다운 것은 진리가 나타내는 현상들 중 하나이다.

(Ausgewählte Briefe)

🍀 친구가 된 길들이 서로 만나는 곳에서는 모든 세상이 한동안 고향처럼 보인다.

(Demian, GW 5)

🍀 향유의 힘과 기억의 힘은 상호 보완적이다. 향유는 과일의 단맛을 남김없이 빨아먹는 것이다. 그리고 기억은 전에 향유한 것을 단지 잃지 않고 보존하는 것이 아니라 그것을 점점 더 순화함으로 완성하는 것이다.

(Bilderbuch, GW 9)

 행복을 관찰하지 않을 때에만 행복을 소유할 수 있다.

(Gedankenblätter, GW 10)

🍀 우리의 인생은 오르막과 내리막, 실패와 재건, 몰락과 부활의 끝없는 반복이다. 우리 문화의 붕괴를 알리는 어둡고 우울한 모든 징조들에도 불구하고 여전히 또 다른 밝은 징조들도 있다. 그 징조들은 형이상학적 욕구들이 새롭게 부활하고 있음을 알리는 징조들이며, 새로운 정신이 형성되고 있음을 알리는 징조들이며, 우리의 삶에 새

로운 의미를 부여하려는 열렬한 관심이 일고 있음을 알리는 징조들
이다.

(Kleine Freuden)

🍀 평상시에는 결코 그 필요성을 느끼지 못하는 것들이 있다. 고향도 그런 것들에 속한다. 이때 고향은 고국을 말하는 것은 아니다. 고국은 이미 더 높은 정신적인 차원에 속하는 것이다. 여기서 고향이란 우리 모두가 어린 시절의 가장 좋은 추억으로 간직해 온 이미지들을 말한다. 그 이미지들이 그렇게 아름다운 것은 고향이 다른 세상보다 절대적으로 더 아름답기 때문이 아니다. 그 이미지들이 그렇게 아름다운 것은 우리가 그 이미지들을 어린 시절에 가장 먼저 감사와 신선함을 가지고 눈으로 보았기 때문이다.

그것은 결코 감상적인 기분이 아니다. 우리가 가장 높은 차원의 정신적인 상태에 도달하지 못했다면 우리가 가지고 있는 가장 확실한 것은 고향이다. 사람에 따라 고향에 관해 가지는 이미지는 다를 수 있다. 사람들이 고향에 관해 가지는 이미지는 전원의 풍경일 수도 있고 정원일 수도 있고 공장일 수도 있으며 심지어는 종소리일 수도

있고 냄새일 수도 있다. 중요한 것은 성장기의 추억이다. 그것은 우리 일생에 있어서 최초의 가장 강렬하고 신성한 인상들에 대한 추억이다.

우리가 최초의 유년기로부터 가지고 있는 것은 내면 가장 깊은 곳의 작고 확실한 보물창고에 간직되어 있다. 거기에는 유년의 이미지들과 인상들이 뒤섞여 있다. 우리는 그것들을 대수롭지 않게 생각하기 쉽다.

(Gesammelte Briefe, Bd. 1)

자기희생의 행복, 욕심이 없는 상태의 행복, 도울 준비가 되어 있는 협력의 행복을 경험해 보라. 어떤 다른 길도 당신을 그렇게 빠르고 안전하게 인생의 통일과 신성함을 깨달을 수 있도록 인도해주지 못한다. 어떤 다른 길도 그렇게 확실하게 당신을 인생의 지혜에 통달하게 해주고 이기심을 극복할 수 있도록 이끌어주지 못한다. 이기심의 극복이란 인격을 포기하는 것이 아니라 그것을 최고로 발전시키는 것이다.

(Politik des Gewissens)

🍀 환상은 만족의 어머니이며 유머의 어머니이며, 인생은 지혜의 어머니이다. 환상은 인간과 그를 둘러싼 환경 사이의 내적인 조화에 의해서만 성장한다. 이 환경이 훌륭할 필요는 없으며, 특별할 필요도 없고 매력적일 필요도 없다. 우리는 단지 그 환경에 잘 적응할 시간이 필요할 뿐이다. 그런데 오늘날은 도대체 그럴 시간이 부족하다.

(Lekture für Minuten)

🍀 우리는 가장 아름다운 것을 볼 때 언제나 만족 이외에도 하나의 슬픔이나 불안을 가진다.

(Knulp, GW 4)

🍀 자연적 상태의 행복과 어리석음의 행복을 동경하는 것은 결코 특정한 사람들만의 성향은 아닐 것이다. 아마도 모든 사람은 비록 정도의 차이는 있겠지만 자기보다 낫다고 생각하거나 자기보다 못하다

고 생각하는 사람의 행복을 은근히 부러워할 것이다. 아마도 모든 사람은 다른 사람의 생활을 부러워할 것이다. 그리고 모든 사람은 자신의 운명이 다른 사람들의 운명보다 더 무겁다고 생각하는 것처럼 보인다.

(Ausgewählte Briefe)

🍀 당신의 본질을 깊은 바다라고 생각해 보십시오. 바다의 표면은 그 깊은 바다의 작은 부분에 불과합니다. 표면은 의식입니다. 그곳에서는 우리가 사유思惟라고 부르는 것이 일어납니다. 그러나 바다의 일부인 이 표면은 아주 작습니다. 그 표면은 가장 아름답고 가장 흥미 있는 부분일 수 있습니다. 물은 공기와 빛과 접촉할 때 새로워지고 변화되며 풍성해지기 때문입니다. 그러나 표면에 있는 물들은 끊임없이 바뀝니다. 그 물은 언제나 아래에서 위로 올라오고 위에서 아래로 가라앉습니다. 폭풍이 일어났다 잠잠해지고 파도가 밀려가기도 합니다. 모든 물은 한 번은 위로 올라가고 싶어 합니다. 바다가 물로 이루어져 있듯이 우리의 자아 또는 영혼도 수천 수백만의 부분들로 이루어져 있습니다. 끊임없이 성장하고 바뀌는 기억들과 인상들로

이루어져 있습니다. 그 중에서 우리의 의식이 보는 것은 작은 표면에 불과합니다. 영혼은 그의 내용의 훨씬 더 큰 부분을 보지 못합니다. 큰 어두움에서 작은 불빛을 향해 끊임없이 나아가는 영혼은 풍성하고 건전하며 행복할 수 있습니다.

(Kleine Freuden)

🍀 오래전부터 우리는 인류의 위대한 스승들이 인간의 본질에 관해 통찰하여 가르쳐준 것을 거의 모두 잊어 버렸다. 수천 년 전부터 그들이 가르쳐준 것은 모두 동일하다. 모든 신학자들이나 인문학의 대가들은 그것을 우리에게 분명하게 말할 수 있을 것이다.

그들이 소크라테스나 노자의 가르침을 선호하든 아니면 부처나 가시관을 쓰고 십자가에 못 박힌 구세주의 가르침을 더 선호하든 어쨌든 그들이 가르치는 내용은 동일하다. 그들은 모두 깨달은 사람들이며 인간의 본질에 관한 진리를 알고 가르치는 사람들이다. 그들은 모두 같은 진리를 가르쳤다. 말하자면, 인간은 명예나 행복을 원해서도 안 되고 영웅이나 달콤한 평화를 바라서도 안 된다는 것이며, 순수하고 예민한 감수성, 용기 있는 마음과 신뢰 그리고 행복과 고난을 동시에 받아들이고 시끄러움과 조용함을 동시에 견딜 수 있는 인내의 지혜 이외에는 어떤 다른 것도 추구해서는 안 된다는 것이다.

(1946년 신년 인사말 중에서, GW 10)

🍀 우리는 자신의 영혼을 지불하고서만 가장 선한 것과 가장 아름다운 것, 가장 가치 있는 것을 얻을 수 있다. 사랑은 결코 돈을 주고 살 수 없듯이 말이다. 영혼이 순수하지 못하고 최소한 선에 대한 믿음이 없는 사람에게는 가장 선한 것과 가장 귀한 것도 더 이상 순수하고 완전하게 들리지 않는다. 그는 언제나 외소해지고 부패하였으며 혼탁해진 세계상으로 만족해야 한다.

(Betrachtungen, GW 10)

🍀 어떤 사람이 무엇인가 추구한다면 그는 단지 그가 찾고 있는 것만 보기 쉽다. 그래서 그는 아무것도 발견할 수 없고 아무것도 자

기 안에 받아들일 수 없게 되기 쉽다. 자기가 찾는 것만 생각하기 때문이며, 단 하나의 목표를 가지기 때문이며, 그 목표에 사로잡혀 있기 때문이다. 무엇인가를 추구한다는 것은 목표를 가지는 것을 말한다. 그러나 발견한다는 것은 자유롭다는 것이며 열려 있다는 것이며 아무 목표도 가지고 있지 않다는 것을 말한다.

(Siddhartha, GW 5)

헤르만 헤세 연보

Hermann Hesse

- ○ **1877년**

   7월 2일 독일 남부 뷔르템베르크주의 소도시 칼브에서 아버지 요하네스 헤세의 맏아들로 태어남. 요하네스 헤세는 에스토니아 태생의 선교사로서, 출판 사업을 하는 한편 신교전도출판협회의 지도자. 어머니 마리아 군데르트는 저명한 인도학자인 헤르만 군데르트의 딸로 인도에서 출생, 요하네스 헤세와의 결혼은 두 번째 결혼이었음. 헤세의 형제로는 두 살 위의 누나, 세 살 아래의 여동생, 다섯 살 아래의 남동생과 어머니가 첫 결혼에서 낳은 형이 둘 있음.

- ○ **881년** (4세)

   부모와 함께 스위스 바젤로 이주.

- ○ **1883년** (6세)

   전에는 러시아 국적이었으나 스위스 국적을 취득.

- ○ **1886년** (9세)

   다시 칼브로 돌아와 초등학교에 입학.

- ○ **1889년** (12세)

   2월 바이올린을 배움.
   12월 처음으로 시를 씀.

- ○ **1890년** (13세)

   괴팅겐에서 라틴어 학교에 다니며 뷔르템베르크 지방 시험을 준비. 헤세는 스위스 국적을 포기하고, 아버지 요하네스는 뷔르템베르크 주정부로부터 시민권을 취득.

- ○ **1891년** (14세)

   7월 주정부 시험에 합격.

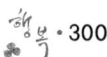

9월 마울브론 신학교에 입학하여 기숙사 생활을 시작.

● ○ **1892년** (15세)

2월 이때 이미 시인 이외는 아무것도 되고 싶지 않다고 생각하여 신학교에서 도망.
5월 결국 신학교를 자퇴.
6월 자살을 기도하나 미수에 그치고 슈테텐 정신 병원에서 9월까지 요양.
11월 칸슈타트 고등학교 입학.

● ○ **1893년** (16세)

10월 칸슈타트 고등학교 퇴학. 에스링겐의 서점에서 견습 점원으로 일하지만 3일 만에 그만둠. 아버지의 신교 전도 출판 일을 도움.

● ○ **1894년** (17세)

6월 칼브에 있는 시계 공장의 견습공이 되어 다음해 9월까지 일함.

● ○ **1895년** (18세)

10월 튀빙겐의 헤켄하우어 서점에 견습 점원으로 취직. 이때부터 산문을 쓰기 시작.

● ○ **1898년** (21세)

10월 견습을 끝내고 정식 점원이 되며 첫 번째 시집 『낭만의 노래(Roman-tische Lieder)』를 자비 출판.

● ○ **1899년** (22세)

6월 산문집 『한밤중 후의 한 시간(Eine Stunde hinter Mitternacht)』 출간.
9월 스위스 바젤로 이주하여 라이히 서점에서 서적 분류 조수로서 1901년까지 근무. 「고슴도치(Schweingel)」라는 습작 소설을 썼으나 원고를 분실.

- **1900년** (23세)

    1월 『스위스일반신문』에 기사와 서평을 쓰기 시작하여 신문에 실림. 이 무렵 「얼음 위에서(Auf dem Eise)」를 집필.

    12월 『헤르만 라우셔의 유작과 시(Hinterlassene Schriften und Gedichte von Hermann Lauscher)』를 출간.

- **1901년** (24세)

    3~5월 플로렌스, 제노바, 피사, 베네치아 등 처음으로 이탈리아를 여행.

    8월부터 1903년 봄까지 바젤의 바텐빌 고서점에서 근무.

- **1902년** (25세)

    4월 어머니가 세상을 떠남. 이해에 발표한 『시집(Gedichte)』을 어머니에게 헌정. 바젤의 목사 딸 엘리자베트를 사랑함.

- **1903년** (26세)

    4월 서점 점원 생활을 그만두고 집필에만 몰두. 베를린의 피셔 출판사로부터 집필을 의뢰받고 쓴 소설 『페터 카멘친트(Peter Camenzind)』를 탈고. 두 번째로 이탈리아 여행을 함.

    5월 아버지의 반대를 무릅쓰고 아홉 살 연상인 피아니스트 마리아 베르누이와 약혼.

- **1904년** (27세)

    2월 『페터 카멘친트』가 출판되자 호평을 받고 일약 명성을 얻게 되며 '비엔나 농민상'을 수상.

    4월 『보카치오(Boccaccio)』와 『프란츠 폰 아시시(Franz von Assisi)』 출간.

    8월 마리아 베르누이와 결혼하고 보덴 호수 근교의 가이엔호펜에 농가를 빌려 살며 집필 활동에 전념.

- ○ **1905년** (28세)

  10월 『수레바퀴 아래서(Unterm Rad)』를 피셔 출판사에서 출간.
  12월 장남 브루노 탄생. 이해에 「추억(Erinnerungen)」을 집필.

- ○ **1906년** (29세)

  여름 이탈리아를 여행.
  10월 빌헬름 2세의 권위에 도전하는 진보적인 주간지 『3월(März)』의 창간에 참여하여 공동 편집자로 1912년까지 활동. 이해에 「어느 소년의 편지(Brief eines Jünglings)」 「사랑(Liebe)」 집필.

- ○ **1907년** (30세)

  봄 가이엔호펜에 집을 짓고 이사.
  4월 중·단편집 『이 세상(Diesseits)』 출간. 이해에는 정원 일에 열중하는 한편, 「사랑의 희생(Liebesopfer)」을 발표하고 「그 여름의 저녁(An jenem Sommerabend)」을 집필.

- ○ **1908년** (31세)

  10월 단편집 『이웃 사람들(Nachbarn)』 출간. 이해에 「인생의 권태(Taedium Vitae)」 발표.

- ○ **1909년** (32세)

  3월 둘째아들 한스 하이너 탄생.
  11월 스위스의 취리히, 독일, 오스트리아 등으로 강연 여행. 이해에 「한스 디어람의 수업 시대(Hans Dierlamms Lehrzeit)」 발표.

- ○ **1910년** (33세)

  가을에 『게르트루트(Gertrud)』 출간.

- ○ **1911년** (34세)

  7월 시집 『도상에서(Unterwegs)』 출간.

  9월 셋째아들 마르틴 탄생.

  9~12월 화가 한스 슈투르첸에거와 인도, 말레이시아, 수마트라 등 아시아를 여행. 가정 생활의 파탄을 막기 위해 연말에 귀국.

- ○ **1912년** (35세)

  9월 독일을 떠나 가족과 함께 스위스 베른 교외로 이주하여 친구이자 화가인 알베르트 벨티가 살던 집으로 이사한 후 평생 스위스에서 살게 됨. 단편집 『우회로(Umwege)』 출간.

- ○ **1913년** (36세)

  봄에 동방 여행기 『인도에서. 인도 여행의 기록(Aus Indien. Aufzeichnungen einer indischen Reise)』 출간.

  3~4월 이탈리아 여행. 이해에 「회오리바람(Der Zyklon)」 발표.

- ○ **1914년** (37세)

  3월 결혼 문제를 주제로 한 장편 소설 『로스할데(Roßhalde)』 출간.

  7월 제1차 세계대전이 발발하자 자원 입대하려 8월에 징병 검사를 받지만 복무 부적격 판정을 받음.

  11월 『뉴취리히신문』에 논설 「오, 친구들이여, 제발 그렇지 않은 어조로」를 게재하여 커다란 반향을 불러일으킴. 연말에 시집 『고독한 자의 음악(Musik des Einsamen)』 출간.

- ○ **1915년** (38세)

  7월 『크눌프. 크눌프 삶의 세 가지 이야기(Knulp. Drei Geschichten aus dem

Leben Knulps)』 출간. 이해 여름부터 1919년까지 베른 주재 독일공사관에 설치된 '독일포로후생사업소' 에서 일함.

8월 로맹 롤랑이 내방한 이후 평생 친교를 맺음.

10월 『뉴취리히신문』에 「다시 독일에서」를 게재. 헤세는 자신의 평화주의를 굽히지 않고 독일, 스위스, 오스트리아의 신문·잡지에 전쟁을 비판하는 내용의 정치 기사와 호소문 및 공개 서한 등을 발표함으로써 독일 국민에게 반감을 사 '매국노' '병역 기피자' 라는 비난을 받음. 한편 독일의 신문·잡지에서는 그의 글을 싣기를 거부함. 이해에 단편집 『길가에서(Am Weg)』와 『청춘은 아름다워라(Schön ist die Jugend)』 출간.

- **1916년** (39세)

1월 『독일전쟁포로신문 일요판』 『독일전쟁억류자신문』의 편집에 종사. 다시 징병 검사를 받지만 불합격.

3월 아버지 세상을 떠남. 아내의 정신 분열증이 악화하고 셋째아들 마르틴은 병에 걸려 입원.

4~5월 심각한 신경쇠약에 시달려 카를 구스타프 융의 제자인 랑 박사에게 정신 요법 치료를 받음. 수채화를 그리기 시작.

- **1917년** (40세)

12월 '독일인 전쟁 포로를 위한 문고' 를 설립하여 1919년까지 22권의 소책자를 출판. 시대 비판적 출판을 중지하라는 경고를 받고 에밀 싱클레어라는 가명으로 신문과 잡지를 간행.

- **1918년** (41세)

『수채화가 있는 시집』을 제작·판매하여 전쟁 포로 위문 자금을 만듦. 이해에 「사랑할 수 있는 사람은 행복하다(Wer lieben kann, ist glücklich)」가 수록된 『마르틴의 일기에서(Aus Martins Tagebuch)』를 집필.

• 1919년 (42세)

1월 『차라투스트라의 귀환. 어느 독일인이 독일 젊은이에게 보내는 한마디 (Zarathustras Wiederkehr. Ein Wort an die deutsche Jugend von einem Deutsche)』를 익명으로 발표했다가 다음해에 실명으로 출간.

4월 전쟁 포로를 원조하는 일을 끝냄.

5월 가족과 헤어져 혼자 스위스 테신의 몬타뇰라로 옮겨 가 1931년까지 카무치 별장에 거주하는 한편 국적도 스위스로 바꾸고 재출발을 시도. 수채화에 열중함.

6월 『데미안. 한 젊음의 시적 이야기(Demian. Die Geschichte einer Jugend)』를 에밀 싱클레어라는 익명으로 출간하여 호평을 받고 신인으로 오해를 받고 '폰타네 문학상'을 수상. 하지만 다음해 9판부터 실명을 밝히며 이 상을 되돌려 줌. 『작은 정원(Kleiner Garten)』『동화집(Märchen)』 출간.

7월 가수 루트 벵어를 알게 됨.

10월 R. 볼테레크와 공동으로 월간지 『비보스 보코(Vivos voco)』를 창간하여 발행.

• 1920년 (43세)

1월 바젤에서 첫 번째 수채화 개인전을 엶.

2월 테신주로부터 거주 허가증을 받음.

5월 세 편의 단편 소설을 엮은 『클링조르의 마지막 여름(Klingsors letzter Sommer)』 출간.

10월 수채화를 곁들인 여행 소설 『방랑(Wanderung)』과 색채 소묘를 곁들인 시집 『화가의 시들(Gedichte des Malers)』, 도스토예프스키에 대한 에세이인 『혼돈을 들여다보기(Blick ins Chaos)』 출간.

11월 로맹 롤랑 내방.

●○ **1921년** (44세)

2월과 5월 창작 위기를 맞아 융에게서 정신 분석을 받음.

6~7월 루트 벵어 집을 방문. 그녀의 아버지가 루트와의 결혼을 강요.

8월 아내와 이혼에 대해 거론. 『시선집(Ausgewäblte Gedichte)』과 『테신에서 그린 수채화 11점(Elf Aquarelle aus dem Tessin)』 출간.

●○ **1922년** (45세)

1월 에밀 노르데와 수채화 전시회를 엶.

5월 T. S. 엘리엇 내방.

9월 「픽토르의 변신(Piktors Verwandlungen)」 집필.

10월 '인도의 시'라는 부제가 붙은 소설 『싯다르타(Siddhartha)』 출간.

●○ **1923년** (46세)

7월 4년 전부터 별거중이던 부인 마리아와 이혼.

9월 취리히 근교의 바덴 온천에서 좌골 신경통 치료 후 해마다 온천을 찾음. 이해에 『싱클레어의 수첩(Sinclairs Notizbuch)』 출간.

●○ **1924년** (47세)

1월 루트 벵어와 결혼.

11월 베른주 시민권 취득.

●○ **1925년** (48세)

봄 『요양객(Kurgast)』 출간.

11월 시 낭독을 위해 독일의 뮌헨, 아우구스부르크, 뉘른베르크 등을 여행. 이해에 「카사노바(Casanova)」를 집필하고 루트 벵어에게 바친 사랑의 동화 「픽토르의 변신」 발표. 베를린의 피셔출판사에서 단행본으로 된 『헤세 전집』을 출간하기 시작함.

- **1926년** (49세)

    1월 정신 분석 재개.

    2월 여행기 『그림책(Bilderbuch)』 출간. 여류 예술사가 니논 아우스랜더와 친교.

    11월 프로이센 예술아카데미 회원으로 선출됨.

- **1927년** (50세)

    1월 부인 루트가 이혼을 원함.

    4월 『뉘른베르크 여행(Die Nürnberger Reise)』 출간.

    5월 두 번째 부인 루트 벵어와 합의 이혼.

    6월 히피들의 성서가 된 『황야의 이리(Der Steppenwolf)』 출간.

    7월 쉰 번째 생일을 기념하여 후고 발이 집필한 『헤르만 헤세. 그의 생애와 작품(Hermann Hesse. Sein Leben und sein Werk)』이 출간됨. 여름에 니논 아우스랜더와 만남.

- **1928년** (51세)

    3월 니논과 독일 여행.

    4월 시집 『위기. 일기 한 토막(Krisis. Ein Stück Tagebuch)』 출간. 여름에 수필집 『관찰(Betrachtungen)』 출간.

- **1929년** (52세)

    1월 시집 『밤의 위로(Trost der Nacht)』 출간. 여름에 산문 『세계 문학의 도서 목록(Eine Bibliothek der Weltliteratur)』 출간.

- **1930년** (53세)

    7월 『나르치스와 골드문트(Narziß und Goldmund)』 출간.

    11월 프로이센 예술 아카데미 탈퇴.

- **1931년** (54세)

  여름에 「싯다르타」 「어린이의 영혼」 「클라인과 바그너」 「클링조르의 마지막 여름」을 한데 엮은 소설집 『내면에의 길(Weg nach innen)』 출간.

  7~8월 카무치 별장을 떠나 친구가 몬타뇰라에 지어 준 '헤세 저택'으로 옮겨 가 세상을 떠날 때까지 이 집에 살게 됨.

  11월 평생의 반려자가 되는 니논 아우스랜더와 결혼.

- **1932년** (55세)

  『동방 순례(Die Morgenlandfahrt)』 출간. 이해부터 「유리알 유희(Glasperlenspiel)」를 집필하기 시작하여 1943년 완성.

- **1933년** (56세)

  1월 나치스가 제1당이 되고 히틀러가 독재 정권을 장악하나 헤세는 나치즘과 유대인 박해에 반대.

  3월 브레히트, 토마스 만, 로맹 롤랑 등이 내방. 이해에 단편집 『작은 세계(Kleine Welt)』 출간.

- **1934년** (57세)

  시선집 『생명의 나무에서(Vom Baum des Lebens)』 출간. 스위스 작가 협회 회원이 됨. 페터 주르캄프가 피셔출판사와 함께 인수한 『디 노이에 룬트샤우(Die Neue Rundschau)』에 「유리알 유희」를 발표하기 시작.

- **1935년** (58세)

  2월 중·단편집 『우화집(Fabulierbuch)』 출간.

  11월 동생 한스 자살.

- ○ **1936년** (59세)

    3월 스위스의 가장 권위 있는 문학상인 '고트프리트 켈러상' 수상.
    9월 전원 시집 『정원에서 보낸 시간(Stunden im Garten)』 출간.

- ○ **1937년** (60세)

    2월 『신시집(Neue Gedichte)』을 출간함. 이해에 『기념첩(Gedenkblätter)』과 시구로 씌어진 회상기 『불구 소년(Der lahme Knabe)』을 출간.

- ○ **1938년** (61세)

    스위스에서 망명자를 위해 진력함.

- ○ **1939년** (62세)

    제2차 세계대전 발발. 헤세의 작품은 독일에서 '원치 않는 문학'이 되어 작품이 출판되는 데 필요한 종이 사용이 금지됨. 『수레바퀴 아래서』 『황야의 이리』 『관찰』 『나르치스와 골드문트』 『세계 문학의 도서 목록』 등을 더 이상 독일에서 발행할 수 없게 됨. 히틀러 집권 12년 동안 481권의 문고본만 판매됨. 주르캄프와의 합의 하에 단행본으로 된 『헤세 전집』을 스위스 취리히에 있는 프레츠&바스무트출판사에서 계속 간행키로 함.

- ○ **1942년** (65세)

    최초의 시 전집 『시집(Die Gedichte)』이 취리히에서 출간됨.

- ○ **1943년** (66세)

    11월 최후의 대작 『유리알 유희』가 스위스에서 두 권으로 출간됨.

- ○ **1944년** (67세)

    비밀 경찰이 헤세 작품의 독일 출판업자인 페터 주르캄프를 체포.

- ○ **1945년** (68세)

    제2차 세계대전이 종전됨. 단편과 동화를 모은 『꿈의 흔적(Traumfährte)』 출간.
    가을에 시집 『꽃피는 가지(Der Blütenzweig)』 출간.

- ○ **1946년** (69세)

    8월 독일 프랑크프르트시에서 수여하는 '괴테상' 수상.
    9월 '노벨 문학상' 수상.
    12월 전쟁과 정책에 관한 수상집인 『전쟁과 평화(Krieg und Frieden)』를 취리히에서 출간한 후 독일의 주르캄프 출판사에서 헤세의 작품을 다시 간행하게 됨.

- ○ **1947년** (70세)

    7월 고향인 칼브의 명예 시민이 됨. 베를린 대학에서 명예 박사학위를 받음.

- ○ **1949년** (72세)

    누나 아데레 사망. 『테신의 수채화』 출간. 회상집 『겔바스아우』 출간.

- ○ **1950년** (73세)

    7월 실스마리아에 체류. 이곳이 마음에 들어 매년 여름이면 머묾. 브라운슈바이크 시의 '빌헬름 라베 문학상' 수상.

- ○ **1951년** (74세)

    3월 『후기 산문(Spate Prosa)』과 『서간 신집(Briefe)』을 주르캄프에서 출간.

- ○ **1952년** (75세)

    5월 75세 탄생일을 기념하여 여섯 권으로 된 『선 삭품집(Gesammelte Dichtungen)』이 출간됨.
    7월 75세 생일 축하 모임이 독일과 스위스의 각지에서 열림. 이때의 축사와 강연이

『헤세에의 감사』로 출간됨. 가을에 『두 개의 목가』 출간. 이해에 네프코프가 지은 『헤르만 헤세. 전기 1952(Hermann Hesse. Biographie 1952)』가 출간됨.

- **1954년** (77세)

  4월 '서독 평화 공로상' 수상.

  5월 『픽토르의 변신』과 『헤르만 헤세와 로맹 롤랑의 서신 교환집(Brief-wechsel : Hermann Hesse-Romain Rolland)』 출간.

- **1955년** (78세)

  10월 회고록 『과거를 불러내다』 출간. 독일서적협회의 '평화상' 수상. 니논에게 헌납한 후기 산문집 『주문(呪文, Beschwörungen)』 발표.

- **1956년** (79세)

  바덴뷔르템베르크 지방의 독일예술발전협회에 의해 '헤르만 헤세상' 재단이 설립됨.

- **1957년** (80세)

  5~10월 실러국립박물관에서 헤세전 개최.

  7월 80세를 맞아 『전 작품집』 여섯 권을 『전 저작집(Gesammelte Schriften)』으로 이름을 바꾸고 일곱 권으로 증보하여 출간.

- **1961년** (84세)

  네 번째 시선집 『단계(Stufen)』 출간. 12월 백혈병이 위험한 상태가 되지만 회복.

- **1962년** (85세)

  7월 몬타뇰라의 명예 시민이 됨. 85세 생일에 많은 선물과 900통이 넘는 축복의 편지를 받음.

  8월 8일 밤, 침대에서 모차르트의 피아노 소나타를 들음.

8월 9일 아침, 자택에서 잠자던 중 뇌출혈로 세상을 떠남.
8월 11일 몬타놀라의 성 아본디오 교회 묘지에 매장됨.

헤르만 헤세

| 초판 1쇄 발행 2009년 3월 2일 | 초판 2쇄 발행 2009년 3월 9일 | 지은이 헤르만 헤세 | 옮긴이 오희천 | 펴낸이 임용호 | 편집 M design | 펴낸곳 도서출판 종문화사 | 인쇄 드림문화사 | 제본 우성 | 출판 등록 1997년 4월 1일 제22-392 | 주소 서울시 마포구 서교동 474-27 2층 | 전화 02)735-6893 | 팩스 02)735-6892 | E-mail jongmhs@hanmail.net | 값 12,000원 | ⓒ 2009 Jong Munhwasa printed in korea | ISBN 978-89-87444-78-9-03850 | 잘못된 책은 바꾸어 드립니다.